Edition Rosenberger

Die „Edition Rosenberger" versammelt praxisnahe Werke kompetenter Autoren rund um die Themen Führung, Beratung, Personal- und Unternehmensentwicklung. Alle Werke in der Reihe erschienen ursprünglich im Rosenberger Fachverlag, gegründet von dem Unternehmens- und Führungskräfteberater Dr. Walter Rosenberger, dessen Programm Springer Gabler 2014 übernommen hat.

Joachim Kohlhof

Ohne Anstand und Moral

Beiträge zur wirtschafts- und
gesellschaftsethischen Diskussion

Joachim Kohlhof
EthikColleg
Kohlhof & Partner
Mehren, Deutschland

Bis 2014 erschien der Titel im Rosenberger Fachverlag Leonberg.

Edition Rosenberger
ISBN 978-3-658-07801-0   ISBN 978-3-658-07802-7 (eBook)
DOI 10.1007/978-3-658-07802-7

Die Deutsche Nationalbibliothek verzeichnet diese Publikation in der Deutschen Nationalbibliografie; detaillierte bibliografische Daten sind im Internet über http://dnb.d-nb.de abrufbar.

Springer Gabler
© Springer Fachmedien Wiesbaden Nachdruck 2016
Ursprünglich erschienen bei Rosenberger Fachverlag, Leonberg, 2002
Das Werk einschließlich aller seiner Teile ist urheberrechtlich geschützt. Jede Verwertung, die nicht ausdrücklich vom Urheberrechtsgesetz zugelassen ist, bedarf der vorherigen Zustimmung des Verlags. Das gilt insbesondere für Vervielfältigungen, Bearbeitungen, Übersetzungen, Mikroverfilmungen und die Einspeicherung und Verarbeitung in elektronischen Systemen.
Die Wiedergabe von Gebrauchsnamen, Handelsnamen, Warenbezeichnungen usw. in diesem Werk berechtigt auch ohne besondere Kennzeichnung nicht zu der Annahme, dass solche Namen im Sinne der Warenzeichen- und Markenschutz-Gesetzgebung als frei zu betrachten wären und daher von jedermann benutzt werden dürften.
Der Verlag, die Autoren und die Herausgeber gehen davon aus, dass die Angaben und Informationen in diesem Werk zum Zeitpunkt der Veröffentlichung vollständig und korrekt sind. Weder der Verlag noch die Autoren oder die Herausgeber übernehmen, ausdrücklich oder implizit, Gewähr für den Inhalt des Werkes, etwaige Fehler oder Äußerungen.

Lektorat: Ulrike M. Vetter

Gedruckt auf säurefreiem und chlorfrei gebleichtem Papier

Springer Fachmedien Wiesbaden GmbH ist Teil der Fachverlagsgruppe
Springer Science+Business Media (www.springer.com)

Ohne Ethik

versagt die Politik,

verkommt die Wirtschaft,

verwahrlost die Gesellschaft und

verirrt sich der Mensch

in das Nichts seiner Bestimmung

*Für meine Frau Ursula
und meine Kinder Katinka, Hendrik,
Fabian und Maximilian*

*Veltïts Daina Golde
Cieñà un pateicïbà Banku augstskolai,
Riga, Latvia*

Und mit besonderem Dank an

*Walter Bach,
Scherdel-Gruppe, Marktredwitz*

*Hansjörg Schneider,
Demag-Ergotech, Jünkerath*

INHALT

VORWORT	1
DER HIPPOKRATISCHE MEINEID	5
ALTERA BELLA GERANT; TU FELIX GERMANIA SALTA!	13
BERLIN I UND BASEL II	17
DIE MASSENVERBREITUNG DER ALLESKÖNNER	23
NEUER MARKT UND ALTE FEHLER	29
TORRE PENDENTE DI PISA	35
AM 16.12. UM 16.12 UHR	45
WER SICH ENTSCHULDIGT, KLAGT SICH AN ...	51
DIE HIRTEN ALS FANS	59
MORAL UND WIRTSCHAFT – MASS UND MITTE	63
DIE GROSSE UND DIE KLEINE PRAXIS UNREFLEKTIERTER WÄHRUNGSKULTUR	77
WELTFREMD, PRAXISFERN UND BÜRGERFEINDLICH	87
DEUTSCHLAND, DEINE INTEGRATION	95
DIE BETRÜGER – GESELLSCHAFT	101
DIE MITTE AM RANDE	111

ZERFALL DURCH VERSUCHUNG	123
GUT VERSORGT? MAGIE UND MYSTIK DER SOZIALEN SYSTEME	129
EIN BEICHTSTUHL FÜR DIE KIRCHE	143
FÖRDERN BIS ZUM KOLLAPS?	151
DIE MORAL DER DEMOKRATEN	157
SOMMERZEIT – ODER DIE TELEGENE KONFUSION IM MOBILFUNKBEREICH	161
SIND WERTE EIN ERFOLGSFAKTOR?	167

VORWORT

Liebe Leserinnen und Leser,

die Sammlung der in diesem Buch verfassten Essays greift ethische „Verwerfungen" in unserem gesellschaftlichen Zusammenleben auf und macht die Distanz deutlich, mit der wir auf unseren irdischen Wanderungen zur Ethik stehen.

Die Wirtschaft meidet die Ethik, weil sie diese als störend, belastend und hinderlich auf dem Weg zum Erfolg empfindet. Sie möchte Wirtschafts- und Unternehmensethik am liebsten dorthin verbannen, wo sie keinen „Schaden" anrichtet und die Globalisierer sowieso unter sich sind.

Die gesellschaftliche Hemmschwelle, unmoralisches und unethisches Verhalten in allen Bereichen menschlichen Zusammenlebens öffentlich zu dulden oder sogar gut zu heißen, sinkt immer mehr und der Gewöhnungsprozess an einer demoralischen Deroute findet immer neuen Anklang. Wir sind inzwischen nicht einmal mehr in der Lage, selbstgewählte ethische Vorgaben instrumentell zu formulieren und nach ihnen zu leben.

Vielmehr finden wir in der Ethik eine große Verwirrung. Wir haben das unbestimmte Gefühl, dass wir uns nicht auskennen und uns deshalb an diese Thematik nicht heranwagen. Alles ist im Fluss. Traditionelle Werte, wie Familie und Ehe, Menschengerechtigkeit und Umweltbewusstsein, Glaubwürdigkeit und Anstand haben ihren angestammten Platz in unserer Gesellschaft verloren, weil jeder sich seine eigenen Werte zurechtzimmert. Wir spüren, dass das, was wir vorfinden, nicht das ist, was wir erwarten dürfen und wofür wir unser Leben einsetzen wollen. Der Mittelpunkt unseres gesellschaftlichen Lebens hat eine verheerende und wertindifferente Inhaltsgestaltung gefunden, die ebenso rasch verworfen wird, wie ihr andererseits hinterhergejagt wird.

Die Wirtschaft, die der Politik in allen Belangen längst davon gelaufen ist, findet durch sie schon lange keinen Rückhalt mehr. Zu viele Dilettanten haben sich politisch versucht und sind jämmerlich an dem Zerfall ihrer eigenen Visionen gescheitert. Die Gesellschaft verliert sich dabei in eine Sinnleere, die durch ständige neue sinnlose Berauschung in der täglichen Lebensgestaltung ausgefüllt werden muss und sich im Kollaps ungezügelter Exzesse entlädt. Wir dürfen darüber nicht grämen. Die Politik, die Medien, die Bildungseinrichtungen, die Wirtschaft und die Wissenschaft, selbst die Kirchen leben den Sinn-, den Werteverlust und die Orientierungslosigkeit vor und zeigen damit, welcher niedrige Stellenwert Moral und Ethik für das eigene Überleben noch inne hat.

Die unterschiedlichen Beiträge in diesem Buch belegen diese Einschätzung und sind zugleich ein Dokument eines Zeitgeistes, der sich rasch in die Wertlosigkeit der eigenen Lebenseinschätzung verflüchtet. Selbst formulierte Leitlinien und Leitbilder, die den Hauch ernstgewollter Ethikausrichtung einer Wirtschaft mit menschlichem Antlitz vermitteln sollen, verstauben in den Sakristeien früherer Managementkathedralen. Diese Leitkulturen, meist fremdbestimmt, sind oftmals reine Makulaturen. Sie werden nicht verwirklicht und deshalb auch nicht gelebt. Sie führen in eine tiefe Vertrauenskrise, an deren Ende alle Verantwortliche Mitschuld tragen.

Die einzelnen Beiträge dieses Buches sind willkürlich und nicht nach einem festen Proporz geschrieben. Sie sollen das weite Spektrum unseres gesellschaftlichen Alltags beleuchten helfen und den ethischen Hintergrund aufzeigen. Jeder Leser vermag sich dabei sein eigenes Urteil zu bilden.

Die Frage nach dem: Was ist? sollte einmünden in die Frage: Was soll sein? Zum Nachdenken fordern und zum Umdenken nicht überfordern, wäre schon ein Motiv für den Verfasser, die Leserinnen und Leser für ethische Problemstellungen weiter zu sensibilisieren.

Für verständnisvolle Unterstützung möchte ich meiner Familie Dank sagen, insbesondere meiner Frau Ursula und meiner Tochter Katinka, die mir für die richtige Einschätzung der Würze einzelner Textbeiträge behilflich waren.

Schließlich möchte ich meinen langjährigen Weggefährten, den früheren Assistenten Herrn Dipl.-Betriebswirt Gerd Langer, Premnitz und Herrn Dipl.-Betriebswirt Max Herrmann, München für ihre treue Unterstützung und Mithilfe insbesondere im technischen Bereich meinen tief empfundenen Dank aussprechen.

Mehren, im Herbst 2002
PROF. DR. JOACHIM KOHLHOF

www.ethikcolleg.de

DER HIPPOKRATISCHE MEINEID

Der hippokratische Eid, den alle Ärztinnen und Ärzte geschworen haben, verpflichten diese, ihre ärztliche Kunst für das Leben einzusetzen und nur ihm zu dienen. Die Eidesformel schließt definitionsgemäß ein, alles zu tun, was der Wiedergewinnung bzw. der Erhaltung der Gesundheit dient, alles zu dulden, was den Genesungsprozess beschleunigt und alles zu unterlassen, was Krankheiten fördert und dem Leben abträglich ist. Diese berufliche Grundhaltung ist die Basis für die Standesethik der Medizin seit Hippokrates und was von diesem Pfad berufsethischer Grundhaltungen abweicht, ist zugleich ein Bruch der hippokratischen Eidesformel.

Im Laufe der wechselvollen Geschichte der Heilberufe war die inhaltliche Gestaltung des Eidestextes nicht immer einheitlich. Zuweilen standen therapeutische Überlegungen für das Ableben ebenso im Vordergrund wie für das Leben selber und die Forschung genoss das absolute Primat vor den traditionellen Heilmethoden mit ihren oft sehr wirkungslosen Ergebnissen. Nicht selten sorgten auch berufsständische Belastungen zu einer Verbiegung des Eides mit der Folge, dass daraus Irritationen über den wahren Inhalt der Formel entstanden und die Formulierung zur inhaltslosen Worthülse erstarrte.

Die Frage, wann Leben beginnt, ist für die Medizin ebenso alt, wie für die Theologie die Frage, wann ein Mensch sündhaft handelt. Beide Problembereiche verquicken sich in der gegenwärtigen Diskussion in den Fragen der Gentechnologie und der Präimplantationsdiagnostik: Welches Leben hat (noch) einen Wert und wann beginnt (eigentlich) der Wert menschlichen Lebens?

In der Jugend hat die Kirche uns gelehrt, dass bereits ein wollüstiger Blick mit möglichen Hintergedanken sündhaft sein könnte, dass das liebende Verlangen von Mann und Frau vor der Ehe ein schweres sündiges Vergehen sei und dass der mechanische und medikamentöse Schutz vor ungewollter Schwangerschaft schon verheirateter Paare der Prostitution im Ehebett gleiche und zugleich die eigene Ehefrau als Lustobjekt der männlichen Begierde abwerte.

Soweit die Gedanken der Kirche.

Die Frage, wann Leben beginnt, führt nach theologischer und medizinischer Einschätzung offenbar zu unüberbrückbaren Divergenzen. Mit der Befruchtung der weiblichen Eizelle ist neues Leben entstanden. Die zeitliche Entwicklung des embryonalen Wachstums ist selbst nicht Ursache für das Entstehen geschöpflichen Werdens, sondern dessen Folge. Danach darf es keinen Zweifel geben, dass in das menschliche Leben eingegriffen wird, ob es sich um Manipulation der Gene oder um fötale Abtreibung handelt. Diese Einschätzung sollte sowohl für die Theologie als auch für die Medizin unumstößlich sein und sollte jede Relativierung über den Beginn und die Eingriffsintensität unter ethischem Aspekt verstummen lassen. Dann spielt es zunächst auch keine Rolle, ob die Stammzellenforschung aus diagnostischen oder therapeutischen oder wirtschaftlichen Gründen stattfinden darf oder nicht.

Mit dem Beginn des Eindringens männlicher Spermien in die weibliche Eizelle bedeutet jeder Eingriff von außen zunächst einen Angriff auf das neu sich entfaltende Leben. Denn jedes Wachsen und Werden ist ein geschöpflicher und damit göttlicher Akt und sollte vom Grundsatz her dem menschlichen Wirkungsbereich und seinen Eingriffsmöglichkeiten entzogen sein.

Die Frage, wann ein lebenswert bedingtes Leben zu beginnen hat und wann nicht, wann wünschbares Leben sich entwickeln sollte und unerwünschtes Leben enden sollte und bis wann – aus welchen (ethischen) Gründen auch immer – noch in die embryonale Entwicklung eingegriffen werden darf, wird von der Medizin und dem gesellschaftlichen Anspruchsdenken indes anders beurteilt. Die Grenzziehung über den Beginn des Lebens und damit der formale Ansatz zur diagnostischen Forschung und therapeutischen Behandlung wird ständig variiert und bis zum eigentlichen Geburtsakt ausgedehnt. Selbst die Politik – sonst ohne große moralische Bedenken, wenn es um populistische Attitüden geht – vertritt keinen einheitlichen Standpunkt und fügt der allgemeinen Ratlosigkeit das „Ja, aber" hinzu. Wie fatal wäre es, wenn eine ähnliche Hilflosigkeit im Umgang mit ethischen Fragestellungen auch bei der Grenzziehung über den Lebenswert betagter Mitmenschen bestünde?

Die Genforschung muss begreifen, dass nicht erst mit dem natalen Akt das Leben beginnt und dass nicht alles, was gentechnologisch möglich ist auch tatsächlich praktiziert werden muss. Ergebnisse der Forschung können auch in der Selbstbeschränkung liegen und nicht in dem, was sensationsträchtig und machbar ist.

Noch einen Schritt weiter gehen jene „modernen" Diagnostiker und Fortpflanzungsmediziner, die den Zeitpunkt des erwünschten Menschenlebens auf jenen festlegen wollen, bei dem das Ereignis der Geburt zugleich mit dem Ergebnis der erwünschten Realisierung einer zuvor selektierten Genfolge übereinstimmt. Die „Produzenten" liefern gewissermaßen die „Produktvorgabe" und die „Produktmanager" gerieren sich als Hersteller des erwünschten Produktrelaunchs.

Die Medizin mit all ihren Möglichkeiten, so scheint es, deutet das natürliche Fortpflanzungsgeschehen in ein soziokulturelles Ereignis um, getreu dem Motto: Wie hätten Sie's denn gerne?

Wenn die Präimplantationsdiagnostik den Einsatz ihrer medizinischen Kunst nur auf solche Eingriffe bei Erbkrankheiten zu beschränken verspricht, die eindeutig, zustimmungsfähig und ethisch fundiert sind, sollte die Gefahr einer faktischen Erweiterung medizinischer Grenzziehungen in Richtung Machbarkeit gebannt werden. Es darf nicht nur eine Frage der Zeit sein, wann damit begonnen wird, aus dem Füllhorn eigener Gene nur noch jene herauszufiltern, die der Zauberformel vom irdischen Glück am nächsten kommen. Lieber klug statt dumm, lieber reich und gesund statt arm und krank, lieber Junge als Mädchen und lieber blond und blauäugig als kleinwüchsig und fettleibig. Aus dem genetischen Warenkorb des Lebens wird das entnommen, was gerade „in" ist, der Mode unterliegt und Erfolg verspricht. In der Tat, der genetischen Züchtung des Menschen als Lieferant nachgefragter Gene stehen apokalyptische Zeiten bevor.

Nach einer Umfrage unter 1.200 schwangeren Frauen waren knapp 19% von ihnen bereit, ihren Fötus abtreiben zu lassen, wenn sich zeigen würde, das bei entsprechender genetischer Disposition ihres Nachwuchses dieser im späteren Leben zur Fettleibigkeit neigen würde. Und nahezu 36% der befragten Frauen hätten zudem keinerlei moralische Bedenken, wenn andere Frauen sich bei dieser Disposition zu einem solchen Schritt, nämlich der Abtreibung heranwachsenden Lebens entschließen würden (Pichlhofer).

Wohlgemerkt, es ging bei dieser Befragung nicht um Eizellenmanipulation, sondern um Tötung eines sich im Mutterleib befindlichen Kindes zum Zwecke der Verhinderung späterer Fettleibigkeit.

Die Hemmschwelle, zum Zwecke der Gensteuerung eine Präimplantationsdiagnostik in Anspruch zu nehmen, wird sinken und umgekehrt wird die Bereitschaft, derartige Hilfe sich nutzbar zu machen, entsprechend steigen. Niemand wird angesichts einer solchen Horrorvision verneinen können, dass wir nicht vor einem neuerlichen Selektionsprozess stehen, bei dem die schwachen Gene ausgemerzt werden und die starken überleben.

Auch dann, wenn Medizin und Theologie, Politik und Wirtschaft nur jenen Personenkreis für eine Präimplantationsdiagnostik zum Zuge kommen lassen will, der bereits behinderte Kinder gezeugt hat und deren im Reagenzglas gezeugte Embryonen vor der Einsetzung in die Gebärmutter dann entsprechenden genetischen Tests unterzogen darf, stellt sich immer noch die Frage der medizinischen, der gesellschaftlichen Verantwortung und nicht zuletzt des eigenen Gewissens. Wer sich für ein Kind entscheidet, entscheidet sich für das Leben und auch für die Bejahung der eigenen genetischen Ressourcen.

Der moderne Trend ist aber ein anderer: Wer sich nur von edlen Motiven leiten lässt, verpasst das Leben und handelt unwirtschaftlich. Zudem lassen sich die sozialen Kosten erheblich reduzieren und führten im Gesundheitsbereich zu entsprechenden Einsparungen, die dann zum Aufbau einer privaten Altersvorsorge sinnvoller genutzt werden könnten. Schließlich wäre nur bei gesunden Menschen mehr Geld für alle da.

Wer so denkt, hat das eigene Leben schon verwirkt, weil er selber sich der Fülle menschlichen Lebens verweigert.

Dieser Denkansatz ist interessanterweise für Eltern behinderter Kinder völlig fremd. Sie sehen auch in der Behinderung keine Eintrübung ihres persönlichen Lebensglücks und würden sich durchaus erneut für ein weiteres Kind entscheiden, auch wenn es behindert ist.

Einschränkung bedeutet nicht zugleich Verzicht auf eigenes Glück und Zufriedenheit, selbst wenn die Welt sich darauf einrichtet, dass offenbar nur Erfolge und Leistungen, Kreativität und Flexibilität zählen und für Krankheiten und Behinderungen kein Platz ist.

Sicherlich gibt es Präzedenzfälle, die ein generelles Verbot der Präimplantationsdiagnostik infrage stellen. Dies hat in hohem Maße mit der gesellschaftlichen Verantwortung dem Leben, dem Kind, der Familie und dem Partner gegenüber zu tun. Aber wenn der diagnostische Ansatz und der therapeutische Einsatz mit den jeweils individual- und institutionsethischen Maximen des hippokratischen Eides vereinbar sein und nicht der Routine Tür und Tor geöffnet werden sollen, und wenn das Leben als schützenswertes Gut absoluten Vorrang vor menschlichem Ehrgeiz hat, dann müsste die moderne Fortpflanzungsmedizin mit einem Genehmigungsvorbehalt für ihre Forschungszwecke leben können, dessen gesetzliche Freiräume taxativ aufgelistet werden. Dies schließt sowohl die Stammzellenforschung, also das embryonale Leben, als auch den Umgang mit fortgeschrittenen Föten ein. Der Unterschied liegt nur in seinem zeitlichen Wachstum.

Wie wäre es, wenn umgekehrt menschliches Leben, ab einem bestimmten Lebensalter zur Disposition, Manipulation oder Selektion stünde, z. B. mit dem Erreichen des Ruhestandes, wo ähnlich gelagerte soziale oder wirtschaftliche Gründe zu einer analogen gesellschaftsethischen Auseinandersetzung Anlass böte?

Genetisches Filtern bedeutet immer Selektion, auch wenn es prominente Befürworter gibt, die diesen Vorgang relativieren oder sogar in Abrede stellen. So wie geborenes Leben nicht einfach zurückgegeben werden kann, weil es nicht gewollt oder nicht „geglückt" ist, ebenso wenig kann die Entscheidung zum Leben und für das Leben nicht auf einen Zeitpunkt vertagt werden, das dem Wechselspiel persönlicher Neigungen und Ansprüchen an das eigene Leben unterworfen ist.

Das Leben verdient kein Probieren und kein Manipulieren. Es verdient nur die Annahme einer ganzheitlichen Geschöpflichkeit, wie sie uns auf natürlichem und übernatürlichem Wege übertragen wurde. Hierin muss sich auch die moderne Genforschung beschränken, damit nicht aus dem hippokratischen Eid doch noch ein Meineid wird.

ALTERA BELLA GERANT;
TU FELIX GERMANIA SALTA!

Andere führen Krieg, Du glückliches Deutschland tanze.

So oder ähnlich könnte der größte Teil Deutschlands und der Welt gedacht haben, als jüngst eine hausgemachte Vertrauenskrise der Bundesregierung das Land für wenige Tage in Atem hielt und anschließend Beteiligte, Betroffene und Beobachter zum Tanze gebeten wurden als sei nichts geschehen. Offenbar gilt das politische Szenario nur für die, die es ernst nehmen und nicht für jene, die an dem, was politisch gesagt, getan und dann doch wieder dementiert wird, nicht mehr glauben.

Nur so sind Federboa und Smoking zu erklären, die schnell die vorgespielten und vorgetäuschten öffentlichen Auseinandersetzungen vergessen helfen und zum eigentlichen Grund des öffentlichen Amüsements zurückfinden.

Was war geschehen?

Nach den Ereignissen des 11. September 2001 und der angekündigten Terrorismusbekämpfung befleißigte sich die deutsche Bundesregierung durch hektische Diplomatenarbeit begleitet, zu verkünden, dass man jederzeit, vorbehaltlos und uneingeschränkt den amerikanischen Freunden bei ihrem Terrorismusfeldzug zur Seite stehe. Nur so könne der Frieden in der Welt gesichert und die politische Nomenklatur erhalten werden. Dieser übereifrige und vorauseilende Gehorsam deutscher Mustergültigkeit war naturgemäß ein Freibrief für alle Hilfsdienste, die Amerika für militärische Unterstützung in Zukunft einfordern konnte. Selbst Amerika schien überrascht, ob solcher Botmäßigkeit deutscher Treue, bevorzugte aber zunächst die Verlässlichkeit anderer atlantischer Freund-

und Partnerschaften in Anspruch zu nehmen. Parteipolitisches Gezänk und koalitionäres Gerangel ließen Zweifel an der Vasallentreue des deutschen Kanzlers aufkommen.

Der zuständige Verteidigungsminister stellte sich selbst durch fragwürdige Lebensweisen ins Abseits und schließlich musste der Kanzler selber die Bereitstellung von 3.900 Soldaten für den inzwischen in Afghanistan wütenden Angriffskrieg zusagen. Die Entlassung des Verteidigungsministers selber schien politisch in dieser Situation wenig opportun, weil der Job zu diesem Zeitpunkt denkbar unbequem war. (Sie wurde dann später nachgeholt). Hinzu kam der desaströse Exodus des halben Kabinetts während der Regierungszeit Schröders, wodurch ein weiterer Abgang – auch eines unbeliebten Ministers – nur Wasser auf die Mühlen der Opposition gewesen wäre.

In dieser Situation verknüpfte der Kanzler seine Entscheidung, fast 4000 junge Leute in Uniform in den Krieg nach Afghanistan zu schicken, mit der Vertrauensfrage, jenem letzten Mittel, das auch die abtrünnigsten Koalitionäre bei der Stange halten sollte. Mit diesem zwar legalen aber moralisch völlig illegitimen Instrument versuchte der Regierungschef, die letzte moralische Bastion des Koalitionspartners zu stürmen, nachdem ihr Vorzeigediplomat schon längst vom Saulus zum Paulus mutiert war. Pazifismus gehört in die Mottenkiste der Fundis und hat sich längst aus dem Vokabular der Realos verabschiedet. Wer das politische Cliquendenken noch nicht begriffen hatte, musste spätestens nach diesen Ereignissen begriffen haben, dass zwischen Tun und Denken, zwischen Sein und Wollen und zwischen Stehvermögen und Umfallen immer noch das Glücksgefühl wechselhafter Veränderungen gehört.

Nur so ist zu erklären, dass Karrieren, die auf dem Rücken der parteipolitischen Basis begonnen wurden, auf den Schultern der verbliebenen Mitstreiter fortgesetzt werden. Wer hier ethische Probleme hat, ist es selber schuld und verliert schnell den Anschluss an die davon ziehende Karawane.

Der politische Trick des Kanzlers hat jedenfalls gezogen und jene machtverliebten Politstrategen genötigt, sich für den Militäreinsatz und damit für den Kanzler oder sich gegen den Militäraufmarsch und damit auch gegen den Kanzler zu stellen. Jene, die glaubten, in der Politik ihrem Gewissen verantwortlich bleiben zu können, haben sich mächtig getäuscht. Ihnen wurde klar, dass das politische Hemd des Machterhalts für einige wenige und die Dienste an und in ihrer Partei wichtiger sind als die Frage, ob es Sinn hat, grundsätzlich Menschen in den Krieg zu schicken oder alle diplomatischen Kanäle auszuschöpfen. Aber wenn in dieser Frage ihr Parteiguru bereits abgewunken hat, warum soll man sich dann auf das eigene Gewissen noch berufen? Und so kam die groteske und historisch einmalige Willenserklärung der Abstimmungskandidaten zustande, dass sich von acht Abgeordneten, die sich ihre freie und individualethische Entscheidung bewahrt hatten (interessanterweise werden diese Leute im politischen Vokabular als „Abtrünnige" bezeichnet) nach entsprechenden „Gesprächen" und „Diskussionen" immerhin zur Hälfte für den Kanzler aussprachen und ihm damit die Macht erhielten. Das Ergebnis dieses salomonischen Wahlverhaltens war der Erhalt der Regierung, das Beibehalten der Koalition und die Sicherung der politischen Pfründe. Es war aber auch das ungewisse Schicksal vieler junger Soldaten, die aufgrund ihrer Eidesleistung verpflichtet sind, mit Kriegsgerät den Feind in Afghanistan aufzuspüren und wenn möglich, unter Einsatz des eigenen Lebens unschädlich zu machen.

In den Jubel um den Gewinn der Vertrauensfrage mit zwei Stimmen mischte sich der Wermutstropfen einer ähnlich unseligen Abstimmungsniederlage, die seinerzeit von der gleichen Regierungspartei mit nur einer Stimme gewonnen wurde. Auch hier schien die moralische Hemmschwelle zum nackten Machterhalt leicht überwindbar zu sein und nicht zum Stolperstein des eigenen Gewissens zu werden.

Die uneingeschränkte breite Zustimmung zum Einsatz deutscher Soldaten über alle Parteigrenzen hinweg hätte wegen ihrer einzigartigen Bedeutung entweder des Konsenses der gesamten Bevölkerung bedurft, was für die Soldaten selbst außerordentlich wichtig gewesen wäre oder als Einzelfrage der parlamentarischen Abstimmung zugeführt werden müssen. Dann hätte zumindest das eigene Gewissen als Korrektiv für falsche Signale noch dienen können. So hätte jedenfalls die Politik nicht unter dem weiteren Verlust ihrer Glaubwürdigkeit gelitten um der Staatsräson willen. Stattdessen werden persönliche Befindlichkeiten aufgebaut, die bis in den Bereich der Selbstverleugnung ausgetestet werden; nicht anders übrigens als in manchen totalitären Staaten auch.

1815 tanzte der Wiener Kongress, obgleich ganz Europa dem Ränkespiel der großen Politik geopfert wurde. Fast 200 Jahre später wird in Berlin, während der Krieg in Afghanistan tobt, zum Bundespresseball geladen. Und alle kamen, 2800 geladene Gäste, fast so viele wie diejenigen, die nach Afghanistan geschickt wurden und sich nicht dem Rausch einer Ballnacht hingeben konnten. Nicht einer zeigte Solidarität mit den Soldaten und forderte Verzicht, nicht einmal der Bundespräsident. Was würden wir denken, wenn der amerikanische Präsident oder andere verantwortliche Europalenker in dieser schwierigen historischen Zeit nichts Besseres zu tun gehabt hätten, als ihren uniformierten Mitbürgern zu zeigen, wie schön das (politische) Leben sein kann.

Vielleicht dienten Federboa und Smoking nur zur eigenen Tarnung, um sich selbst der Illusion hinzugeben, das moralisch Vertretbare getan zu haben und nun den verdienten Lohn in fröhlicher Partylaune auszukosten. Vielleicht verlieren die Repräsentanten unseres Staates doch am Ende ihrer steilen Politkarriere einen Gedanken darüber, ob es sich im Takt militärischer Appelle ähnlich ausschweifend feiern lässt.

BERLIN I UND BASEL II

Banken spielen in den modernen Volkswirtschaften bekanntermaßen eine herausragende Rolle. Sie sind Mittler, Initiator und Nutzer der Finanzströme zwischen den Geldgebern und den Geldnehmern und erscheinen mit einer Fülle von Dienstleistungen auf den Märkten, die sich nicht unbedingt in ihren Bilanzen niederschlagen.

Die meisten dieser Geschäfte bergen eine Vielzahl von Risiken, von denen einige uns in Form von Kurs- und Anlagerisiken, von Kredit- und Marktrisiken, von Liquiditäts- und Länderrisiken bekannt sind.

Nicht selten haben bisher weitgehend unbeachtet gebliebene Risiken ein erhebliches Risikopotenzial aufgebaut, das zu einer erhöhten Gefährdung einzelner Institute bzw. des gesamten Finanzsektors führen könnte und damit dringend einer Steuerung durch bankinternes Risikomanagement und der aufsichtsrechtlichen Prüfung mit den erforderlichen Konsequenzen bedarf.

Dies wiederum macht es notwendig, dass bestimmte Regeln aufgestellt werden, die über die individuelle Risikoerfassung jedes einzelnen Instituts hinausgehen und der aufsichtsrechtlichen Risikobegrenzung dienen. Hierzu bedarf es naturgemäß einer internationalen Gleichstimmigkeit, um eine einheitliche Vorgehensweise angesichts des Zusammenwachsens der Geld- und Kapitalmärkte sicherzustellen.

Dies geschah durch die Übereinkommen der Basler Eigenkapitalvereinbarung (Basel I) im Jahre 1988 und seiner Neufassung (Basel II) im Jahre 2001.

Bei den Risikoabwägungen spielte das Kreditrisiko der Banken und seiner adäquaten Unterlegung mit Eigenkapital der

Kreditgeber eine besondere Rolle. Dazu kamen aufsichtsrechtliche Überprüfungsverfahren und die Erweiterung der Offenlegung von Bankrisiken durch die Förderung der Markttransparenz.

Es ging im Kern des neuen Risikobewusstseins um die Frage, welche Kapitalanforderungen die Banken zu erfüllen haben, wenn sie die unterschiedlichen Risikoformen und die erhöhten Risikovolumina auf den internationalen Finanzmärkten begrenzen wollen.

Die traditionellen Standardmethoden zur Messung oder Einschätzung der Bankenrisiken haben ausgedient; neue Verfahren sind an ihre Stelle getreten und führen zu einer neuen Qualität des risk managements in den Banken und der Bankenaufsicht.

Die drei genannten Säulen von Basel II, nämlich die Mindestkapitalanforderungen, der bankaufsichtliche Überprüfungsprozess und die erweiterte Offenlegungspflicht haben noch keinen rechtsetzenden Charakter. Sie müssen erst noch in nationales Recht, spätestens bis 2004, umgesetzt werden (Berlin I). Sie beeinflussen indes jetzt schon die Richtlinien auf der EU-Ebene und damit die nationale Bankenaufsicht.

Berlin I hat aber eine höhere Verpflichtung als nur darüber zu befinden und zu entscheiden, welche Verfahren im Rahmen eines allseits anzuwendenden Risikomanagements anzuwenden sind. Es hat im Zuge der gigantisch angehäuften Schuldenberge darüber zu befinden, ob national alles getan wird, nicht nur die Forderungen an Kreditnehmer – auch an Jugendliche oder Arbeitslose – gemäß Basel II mit Eigenkapital zu unterlegen, sondern die Kreditvergabe insgesamt einer spürbaren Zurückhaltung – nicht zuletzt zum Schutze der Kreditnehmer selbst – zu unterziehen und dies aus mehreren Gründen:

Basel II sieht zwar vor, bonitätsmäßig schlechte Kredite an Unternehmen und Private mit dem höchsten Gewichtungsfaktor und damit dem höchsten Risiko zu belegen, dies schützt aber allenfalls die Banken, nicht die Kreditnehmer selber. Die bedenkenlose Geldausleihung hat bei den Schuldnern inzwischen eine Schuldenpyramide entstehen lassen, die sie nicht mehr abtragen können. In diesem Fall nutzt Basel II bezüglich der Klassifizierung eines Kreditratings herzlich wenig, wenn die Betroffenen vor unlösbaren Schuldentilgungen stehen.

Nach Auskunft des Bundesverbandes Deutscher Inkassounternehmen sind 2,7 Mio. privater Haushalte überschuldet. Sie haben trotz reichhaltiger Kreditierungen ihre Zahlungsfähigkeit nicht erhalten können. Ihre Zahlungsverpflichtungen sind höher als ihre Zahlungsfähigkeit. Bei Auflösung ihrer Haushalte stehen den Vermögenswerten mehr Schulden gegenüber.

Allein in den letzten vier Jahren hat sich die Zahl der Haushaltsüberschuldungen um eine halbe Million erhöht, von denen allein die Jugendlichen einen Schuldenberg von rd. fünf Mrd. Euro angehäuft haben. Der Gegenwert dieser Neuverschuldung reflektiert sich im Wachstum des kurzfristigen Kreditgeschäftes der Regional- und Filialbanken und schlägt sich dort als „erfreuliche" Inanspruchnahme der Bereitstellung von Raten- und Konsumentenkrediten nieder.

Welche Gefahren sich hinter dieser bankseitigen Kurzsichtigkeit verbergen, wird spätestens dann deutlich, wenn der Sprengsatz der eigenen Fehlentscheidungen zur Detonation führt. Dem vermeintlich renditeträchtigen Kreditgeschäft folgt der Katzenjammer schlechter Ergebnisse und dubioser „Leichenfunde".

Die Banken tragen aber nicht alleine die Mitschuld an dieser für die Betroffenen immensen Belastung, die sie ein Leben lang begleitet. Oscar Wilde hat dieses Phänomen treffend mit dem Satz formuliert: „Wir leben in einer Gesellschaft, in der viele den Preis einer Sache, aber nur wenige den Wert kennen". Und in Abwandlung des Wortes von Wilhelm Busch sei hinzugefügt: „Und bei näherer Betrachtung, steigt mit dem Preis (Wert) die Achtung." Schon in der Schule ist das Tragen von Markenkleidung eine Grundbedingung, um mitreden zu können. Die neuesten Trends gehören zum Grundvokabular der Kids.

Das Anspruchsdenken und damit der Konsumdrang macht die Signatur nicht nur der Jugend, sondern auch der Welt der Erwachsenen deutlich. Als Vehikel hierzu dient die Bankverbindung und die Zugangsmöglichkeit zur nachhaltigen Verschuldung durch Kaufhäuser und Autofirmen, durch Reisebüros und Pfandleiher. Solange sich gesellschaftlicher Stellenwert über den Konsum definiert, sind die Banken nicht nur Täter, sondern auch Opfer. Die Erwachsenen leben den Jugendlichen eine Konsumwelt vor, die nur ihre Grenze in der selbst gewählten Sättigung einer von außen stimulierten Nachfrage findet. Das Leben degeneriert zu einer monetären Kleinkunst, die von Tricks und Betrügereien beherrscht wird, die immer neuen Erfindungsgeist hervorrufen und sich die allgemeine Unsicherheit zunutze machen. In diesem Klima gedeiht eine Verschuldungshaltung, die durch Werbung angeheizt, die Verheißungen dieser Welt anpreisen und dem ungeschützten und hilflosen Konsumenten eigentlich keine freie Wahl mehr lassen. Sie unterliegen dem Zwang einer Konsumsucht, der nur durch massive Konsumprävention begegnet werden kann.

Die Medien locken und verführen. Sie hetzen ihre Adressaten in einen wahren Konsumrausch. Für sachkundige und differenzierte Aufklärung bleibt kein Raum, weil sie aus Sicht der Anbieter hinderlich ist und dem angestrebten Umsatz der feilgebotenen Produkte im Wege steht.

Viele tragen Mitschuld an dieser Entwicklung. Häufig genug geraten auch besonnene Kreditnehmer in die Schuldenfalle, wenn sie z. B. durch unverschuldete Arbeitslosigkeit oder Krankheit ihren Zahlungsverpflichtungen nicht mehr nachkommen können. Die Politiker, die vollmundig ihre politischen Qualitäten an den Arbeitslosenzahlen messen lassen wollen, tragen ein gerütteltes Maß Mitschuld an dieser Entwicklung.

In der Verlässlichkeit eines sicheren und stabilen Arbeitsplatzes haben sich viele eine Schuldenlast zugemutet oder aufdrängen lassen, die sie unter normalen Bedingungen auch hätten bedienen können. Die Wirklichkeit aber, mit ihren inzwischen verblassten Schönredereien über Wachstumsprognosen und Bereitstellung neuer Arbeitsplätze wurde rasch durch Zahlenkorrekturen eingeholt, die täglich zu neuen Ernüchterungen führten. Das Jahr 2002 verzeichnet einen historisch einmaligen Insolvenzrekord von rund 40.000 Pleiten und dem Verlust von fast einer Million Arbeitsplätzen. Unverantwortliches Gerede, an den wirklichen Gegebenheiten vorbei, täuscht die Gutgläubigen, provoziert Erwartungen und schafft die Basis für weitere Verschuldungssignale mit leichter Hand zur Beibehaltung des bisherigen Lebensstandards.

Banken und Wirtschaftsunternehmen, Politik und Medien stehen gemeinsam in einem Bündnis für Verantwortung – ob sie wollen oder nicht – zum Abbau der privaten Schuldtürme insbesondere der Jugendlichen. Angesichts einer gesellschaftlichen Werteentwicklung, die sich hauptsächlich über den Konsum und das „auch haben wollen" definiert, angesichts einer politischen Blindheit und Einwertigkeit, die nur den Machterhalt vergötzt, angesichts einer Armada von Werbekampagnen und Vertriebsstrategien, die kein persönliches Entrinnen mehr zulassen und angesichts einer großzügigen Kreditstimulanz der Banken, die zeitweise eigene wie fremde Risiken hemmungslos einhandelten, bedarf es eines Anwaltes, eines Fürsprechers, der den Gesetzgeber anmahnt, sich zu besinnen und das Richtige zu tun, der die Kreditinstitute in die Mangel nimmt, um bei ihren Kreditvergaben an jüngere Kunden vorsichtiger und zurückhaltender zu sein. Dieser Schuldenwächter kann nur die Bankenaufsicht selber sein, die das Fehlverhalten und das Absahnen der Banken gerade bei Jugendlichen aufzudecken und ggf. abzustrafen hat.

So gesehen verwundert auch nicht die starke Verringerung der volkswirtschaftlichen Sparquote von 13,2 % auf annähernd 10 % des verfügbaren Einkommens in den neunziger Jahren. Sie weist signifikant darauf hin, dass das Sparen offenbar keine Tugend mehr ist, wie in den Jahren des Aufbaus, sondern eher als ein Hemmschuh empfunden wird, das gegenwärtige Leben in vollen Zügen zu genießen, an denen sich alle beteiligen und von denen alle profitieren wollen.

Wenn sich Basel II auf die unterschiedlichen Risikostrukturen und deren Gewichtung international agierenden Banken einlässt, um diese steuerbar zu machen, dann wäre es ebenso angemessen, wenn Berlin I bei der parlamentarischen Umsetzung in nationales Recht dafür sorgen würde, dass der gegenwärtigen Überschuldung privater Haushalte Einhalt geboten wird. Dies setzt allerdings die Bereitschaft voraus, dass die Regierung sich ihrer gesellschaftlichen Verantwortung stellt und nicht das Schuldenproblem der generationsinternen Selbstregulierung überlässt.

DIE MASSENVERBREITUNG DER ALLESKÖNNER

Nein, die Zukunft gehört der Jugend. Eigentlich eine Binsenweisheit, aber sie wird zur Lebensphilosophie erhoben.

Die noch mitten im Berufsleben Stehenden müssen von einem Managementseminar zum anderen hetzen, um wenigstens nach außen hin den Eindruck zu erwecken, die ewige Jugend gepachtet zu haben und die in der Endnutzung sich befindenden Zeitgenossen werden sowieso nicht mehr ernst genommen, weil sie schon lange nicht mehr der „Always-on-generation" angehören und die Fanfaren des neuen „Lifestyles" sowieso nicht mehr vernehmen.

So oder ähnlich stellen sich die modernen Marktforschungsunternehmen die Wirklichkeit vor und sie machen keinen Hehl daraus, dass wirtschaftliches Kommunizieren nur noch mit tragbaren Kleincomputern möglich ist, wenn man nicht gnadenlos zu den Verlierern zählen will. Die Prophezeiungen gehen davon aus, dass in den kommenden sechs Jahren rd. drei Viertel aller Europäer, die allesamt zur „Jugend" zählen, 80% ihrer Freizeit in nächster Nähe zu mobilen, elektronischen Kommunikationsgeräten verbringen, die ständig im Netz sind. Diese Generation der immer und überall Erreichbaren und über alles Informierten, d. h. die massenhafte Verbreitung der Alleskönner wird die Gesellschaft verändern.

Trübe Aussichten also für die, die sich noch einen Rest Ruhe bewahren wollen und nicht im Eilschritt dem vermeintlichen Fortschritt hinterher hecheln.

Nach dem „Survival of the Fittest", das lange die Inhalte hunderter Managerseminare beglückte und zu ständigem Reengineering, Restrukturieren und Prozessoptimieren aufforderte und zu „real time strategic change", „balanced scorecards" und „corporate incubators" anmahnte, folgt nun die „soziale Revolution". Die Computertechnologie wird es richten. Sie wird sich immer mehr von der Unterstützung unternehmerischer Geschäftsabläufe verabschieden und sich als Server für die Gestaltung des persönlichen Lebensglücks verstehen.

Lebensformen, Lebensstil, Lebensinhalt werden ohne den mobilen Elektronikpartner offenbar nicht mehr zu bewältigen sein.

Das Leben wird erst dann lebenswert, wenn es jederzeit und an jedem Ort möglich ist, seine Informationen aus dem Netz zu holen oder sie in das Netz zu geben. Früheres Surfen, Sammeln von Informationen und späteres Onlineshopping gehören der Vergangenheit an. „Ich will alles und zwar sofort", heißt die Devise und ist das Credo der neuen Generation und ihrer sozialen Revolution. So sehen es zumindest die Epigonen der Weltveränderer, die behaupten, das sich das gesellschaftliche Leben durch das Internet nicht wirklich verändert hat, sondern allenfalls sich die Informationsabläufe beschleunigt haben. Erst die neuen mobilen Computer schaffen eine personale Allgegenwart und eine räumliche Omnipräsenz, die es erlauben, mit Hilfe bestimmter Ortungssysteme, jeden menschlichen Aufenthalt anzuzeigen und seinen Standort in dieser Welt zu definieren.

Diese Horrorvision ist durchaus realistisch und schon deswegen nicht abwegig, weil sie technisch machbar ist. Und was einmal angedacht ist, scheint aus den Köpfen der Jugendbewegten nicht mehr herauszugehen.

Gleichwohl, welche Armutsvorstellung eines beglückenden Lebens verrät dieser Geist. Eine Generation, die sich diesem „Lifestyle" preisgeben muss, kann nur zurückgewonnen werden, wenn sie menschliches Glück nicht nur auf den beruflichen Erfolg, steile Karrieren und verschwenderischen Konsum reduziert.

In einem schönen Gleichnis mag das deutlich werden:

Ein Professor der Philosophie zeigt seinen Studenten ein leeres Glas und füllt es mit großen Steinen. Als er das Glas gefüllt hat, fragt er, ob das Glas voll sei. Die Studenten nickten, worauf der Professor aus einer Schachtel kleinere Steine entnahm und diese in das Glas schüttete, bis alle Steine in den verbliebenen Zwischenräumen Platz gefunden hatten. Auf die erneute Frage, ob das Glas nunmehr voll sei, bekam er von seinen Studenten ein Lächeln und ein klares Ja zur Antwort.

Danach nahm er einen Sack Sand und schüttete den Sand ebenfalls in das Glas. Die winzigen Sandkörner füllten den noch verbliebenen letzten Zwischenraum aus, bis das Glas vollends gefüllt war.

„Das Glas ist wie euer Leben", erläuterte der Professor und fügte hinzu, dass es sich bei den großen Steinen, um die wirklich wichtigen Dinge im Leben handelt. Sie allein füllten den größten Teil des Glases und damit des Lebens aus. Beruf und Familie, Gesundheit und Zufriedenheit, Verantwortung und Gerechtigkeit sind die großen Steine. Die kleineren Steine sind die weniger wichtigen Dinge des Lebens, die wir aber häufig zu den wichtigsten zählen und sie mit ihnen verwechseln: Haus, Wohnung, Autos, Kleidung.

Der Sand schließlich symbolisiert die vielen kleinen Freuden, Annehmlichkeiten und Ereignisse des Alltags, mit denen wir konfrontiert werden. In dem Lied von Mike Krüger „Guten Morgen liebe Sorgen, seid ihr auch schon alle da ..." werden diese Sandkörner treffend besungen.

Wenn das Glas aber zuerst mit Sand gefüllt wird, bleibt für die wichtigeren Dinge des Lebens nur ein begrenzter

(Spiel)Raum übrig und für die wirklich wichtigen Dinge des Lebens gibt es dann keinen Platz mehr.

So ist das auch mit den „Sozialrevolutionären" der jungen Generation. Wer die falschen Prioritäten setzt, hat am Ende keine Gelegenheit mehr, zu den wirklichen Quellen des Lebens zurückzufinden. Er verliert sich in tages- und lebensfüllenden Aktivitäten und übersieht dabei, dass es oft auf andere Fragen und andere Antworten im Leben ankommt.

Mit der so gepriesenen Massenverbreitung der Alleskönner füllt sich das Lebensglas sehr rasch mit dem falschen Material. Die Lebensbalance, die aus vielen Gewichten, den schweren, den leichteren und den ganz leichten austariert wird, bleibt nur dann im Gleichgewicht, wenn wir die Gewichte gut verteilen. Für die einen ist es das Streben nach dem Beruf und Lebensgleichgewicht (Work-Life-Balance) für andere kann es genauso gut ein monastisches Bete-und-Arbeite-Gleichgewicht sein oder ein solches, bei dem jeder Einzelne für sich versucht, das Gleichgewicht seines Leben zu finden.

Der Sinn des Lebens kann nicht allein im Reichtum liegen; dies hieße, dass nur die Begüterten ein beglückendes Leben führen; er kann auch nicht allein in der Gesundheit liegen, denn das würde bedeuten, dass Kranke und Behinderte kein beglückendes Leben führen könnten. Auch kann der Sinn des Lebens nicht im Erreichen wirtschaftlicher oder politischer Macht liegen, da sonst die Konkurrenz oder die Opposition vom Glück des Lebens ausgeschlossen wären. Selbst das Anstreben äußerer Schönheit vermag für viele sinn- (und auch kostenträchtig) sein, aber auch damit wird kein Freibrief für menschliches Glück ausgestellt.

Beglückendes Leben sagt Ja zu allem, was in der eigenen Verantwortung steht und was von mir verantwortbar ist; es sagt Ja in der Verantwortung zu den mir Anvertrauten und zu meiner Haltung vor Gott; deshalb gehören Werte wie Bescheidenheit, Armut oder Demut, Ehrlichkeit und Anstand, Glaubwürdigkeit und Gerechtigkeit ebenso zu den lebensbestimmenden Sinnstiftern und damit zu den Bausteinen menschlichen Glücks.

Dass das Leben für viele Jugendliche und Karrieristen nicht nur in Richtung Alleskönnen gerichtet ist, zeigt eine neuere Studie, in der für viele Berufsanfänger die Möglichkeit, eine Auszeit (Sabbatical) zu nehmen, inzwischen für ebenso wichtig gehalten wird, wie die Perspektiven für eine gelingende berufliche Zukunft. Konzepte für selbst wählbare und frei gestaltbare Leistungsvorgaben sind den meisten wichtiger geworden als die bloße Befriedigung eines unternehmerischen Erfüllungsanspruchs, bei dem kein Raum für die „wichtigeren Dinge des Lebens" übrig bleibt.

Freilich muss beiden Lebenspolen, dem Leben zu dienen und die berufliche Erfüllung dabei nicht aus dem Auge zu verlieren, Beachtung geschenkt werden. Aber die großen Steine müssen Vorrang vor den kleineren haben, wenn nicht gleich zu Beginn „Sand" ins Getriebe geschüttet werden soll. Dann helfen auch keine Managerseminare und tragbaren Computer zum Auffüllen entdeckter menschlicher Defizite und zum Nacheifern der Alleskönnern. Berufliches Empowerment hat häufig genug menschliche Energie in die falschen Kanäle gelenkt.

Vielleicht wäre es gut, wenn man doch nicht alles kann, alles versteht und alles sieht, dann bleibt zumindest das Geheimnis übrig, wenigstens danach zu streben.

NEUER MARKT UND ALTE FEHLER

Die profitablen Geschäfte am Neuen Markt hatten jahrelang über das tatsächliche Börsengeschehen hinweggetäuscht und die hohen Gewinne aufgrund des zurückliegenden Börsenbooms alle Risikoüberlegungen in den Hintergrund verdrängt.

Der Neue Markt, 1997 als neues Handelssegment für Aktien an der Frankfurter Börse gestartet, entwickelte sich in kurzer Zeit zum shooting star, weil er Wachstumsunternehmen mit risikobewussten Investoren zusammenbringen und kleine und mittlere innovative Unternehmen in ihren zukunftsweisenden Branchen rasch an das große Kapital heranführen sollte. Wegweiser und Beschleuniger hierzu waren die erfolgversprechenden Produkt-, Prozess- und Serviceausrichtungen mit möglichst internationalen Flair und der Bereitschaft zu einer aktiven Investor-Relations-Politik.

So empfanden es die Geburtshelfer des Neuen Marktes und lieferten gleich den Zulassungskatalog mit, der für einen reibungslosen Einstieg als Emittent in den Neuen Markt sorgen sollte.

Die Wirklichkeit aber hat den Neuen Markt längst eingeholt. Er hat die hohen Erwartungen bei weitem nicht erfüllt, die sich seine Initiatoren von ihm versprochen hatten. Dramatische Fehler sind begangen worden, die einerseits systemimmanent waren und andererseits in der Überschätzung der Selbstheilungskräfte der Märkte, insbesondere der Geld- und Kapitalmärkte lagen.

Die deutsche Kreditwirtschaft befindet sich seit geraumer Zeit in einer Strukturkrise, die naturgemäß auf den Neuen Markt, wie auf alle anderen Wertpapiermärkte ausstrahlt. Sie plagt sich mit Überkapazitäten und Overheadkosten, die die

Banken in eine sich verschärfende Ertrags- und Kostenkrise hineinmanövrierten.

Meldungen über den Abbau von bis zu 25% der Belegschaft reißen nicht ab und nicht selten befällt einem das Gefühl, dass der jahrelange Umsatzgigantismus sich nunmehr in einen Personalminimalismus umwandelt, der sich dort mit den gleichen Übertreibungen breit macht, wie zuvor beim Wachstum um jeden Preis, koste es, was es wolle. Da sich neue Aufgabenfelder im Moment nicht anbieten, wird an den hohen Personalkosten gespart, ausgenommen sind die Vorstandsbezüge und Aufsichtsratstantiemen. Wer jedoch in den Führungsetagen nicht begreift, dass Überkapazitäten sich nicht von selbst aufbauen, Märkte sich nicht von selbst einschätzen und verantwortbares Risikobewusstsein immer noch ein Ausdruck hoher Führungskompetenz und nicht von Führungsschwäche ist, der sollte wenigstens den Mut haben, Eigenverantwortung zu übernehmen und die Zeche nicht ausschließlich andere bezahlen zu lassen. Wissensmanagement ist notwendiger Teil einer unternehmerischen Integrationskultur und darf nicht als Instrument für eigene Orientierungslosigkeit missbraucht werden. Alles gehört auf den Prüfstand eines Ethikmanagements, das auch nur dann postuliert werden darf, wenn das Management selber bereit ist, Fehler einzugestehen und persönliche Konsequenzen daraus zu ziehen.

Offenbar ist aber Eigenverantwortung nur eine Tugend, die stets von Untergebenen eingefordert wird, nicht aber von sich selbst und häufig geradezu in umgekehrt proportionalen Verhältnis zur jeweiligen Stellung innerhalb der Unternehmenshierarchie angesiedelt ist.

Der Neue Markt ist von dieser Massenverbreitung falscher Markteinschätzungen globaler Unternehmensspiele nicht verschont geblieben. Alle Beteiligten, Debütanten und Banken, Aufsicht und Medien haben versagt und die schnelle Performance erhofft. Auf der Strecke blieben viele Betroffene, die im Vertrauen auf die angepriesenen Marktchancen gutgläubig ihr Anlagekapital aufs Spiel gesetzt und verloren haben.

Die Verheißungen über Kurspotenziale und die gewinnträchtige Leuchtkraft mancher Innovatoren am Himmel des Neuen Marktes verglühten in tiefen Enttäuschungen und hohen Vertrauensverlusten. Die Liste dieser Sternschnuppen, die den Börsenalltag erhellten und wieder verdunkelten, ist inzwischen endlos. EM TV, Intershop, Brokat, Kinowelt und Lobster haben nur kurzzeitig für ein Kursfeuerwerk gesorgt. Einige mussten jedoch später wegen „Brandstiftung" aus dem Verkehr genommen werden.

Ursprünglich war der Neue Markt als Qualitätssegment der Frankfurter Börse angetreten und stand anfänglich dem Bullen näher als dem Bär. Schon längst hatte sich der Glaube an die Hausse verflüchtigt und der Bulle war gewichen. Der Bär als Symbol des Niedergangs ist an seine Stelle getreten. Und nun gesellt sich ihnen eine dritte Figur hinzu, die den Untergang symbolisiert und mehr und mehr ins Zentrum des volatilen Auf und Ab der Börse rückt: Der (Pleite)Geier.

Laute und leise Warnungen von großen und kleinen Aktionärsschützern verhallten ungehört. Der Größenwahn von Börsen, Banken und Betrieben, schnell an das Geld der gewinnsuchenden und wenig informierten Anleger zu gelangen, musste ein jähes Ende nehmen. Unternehmerische Anstrengungen paarten sich zuweilen mit krimineller Energie und der Marktwahn von Vorständen und die Unfähigkeit ihrer Aufsichtsräte bildeten eine explosive Mischung, die zu den schweren Imageschäden am Neuen Marktes führen musste.

Versprechungen, Täuschungen, Fehleinschätzungen und Desinformationen über Kursgewinne, Dividendenzahlungen und Reservepolster bildeten ein Gestrüpp für Täuscher wie Getäuschte, aus dem kein Entrinnen mehr möglich war und das nicht selten zum Totalverlust führte.

Die meisten Wertpapieranalysten, von Haus aus entweder geborene oder gekorene Berufsoptimisten, gerieten selbst in Atemnot und mussten eingestehen, dass der Neue Markt seine Segnungen nicht mehr aussenden konnte. Der strapazierte Hinweis auf eine kränkelnde Konjunktur verfing genauso wenig wie die ständigen Durchhalteparolen, die den letzten gutgläubigen Anleger bei der Stange halten sollten. In der Tat beschleunigte die konjunkturelle Flaute nur den Ausleseprozess und sorgte dafür, dass das „Aus" am Markt rascher vonstatten ging.

Neben der erwähnten tiefen Strukturkrise in der Kreditwirtschaft besteht überdies zudem eine nachhaltige Vertrauenskrise in das deutsche Bankwesen. Moral-Hazard-Phänomene zu Lasten der Kunden sind an der Tagesordnung und Informationsasymmetrien werden ohne moralische Bedenken zugunsten der eigenen Institute ausgenutzt. Dem kurzfristigen Wachstum und dem schnellen Gewinn wird alles unterworfen. Beide bilden die einzigen Konturen der modernen Unternehmenssignatur.

Den unrühmlichen Anfang machte die Telekom-Tochter Gigabell: Bereits ein Jahr nach ihrem Börsenstart stellte sie den Antrag auf Insolvenz. Das Kapital der Anleger, getäuscht von den Versprechungen der Unternehmensleitung, war verbrannt. Die öffentlich gerühmten Übernahmen zahlten sich nicht aus. Zu Beginn des Jahres flog der Geier aus dem Nest und zog seine Kreise über dem maroden Kadaver.

Bis in die heutigen Tage werden die Schwachstellen der Debütanten am Neuen Markt nicht oder zu spät erkannt und entdeckt. Sie haben oftmals kein tragfähiges Geschäftskonzept, ihre Bilanzunterlagen sind meist unzureichend und erfüllen nicht die Voraussetzungen für eine ordungsgemäße Börsenzulassung. Sie weisen zudem keine schlüssige Finanzarchitektur auf, die dann – wen wundert's – das gesamte Finanzgebäude des Börsenpioniers zum Einsturz bringt.

Sicherlich wäre es übertrieben zu sagen, dass die Unternehmenskonzepte selten mehr wert sind als das Glanzpapier, auf dem sie gedruckt sind; aber um Überzeugungsarbeit für potenzielle Anleger zu leisten, reicht zumeist die äußere Scheinwahrung aus, um nahtlos vom Prospekt auf das Produkt zu schließen. Dass an dieser Börsenprospektierung viele Rechtskundige, Berater in Steuerfragen, Marktentwickler und Finanzexperten mitwirken oder mitgewirkt haben, gaukelt letztlich nur eine Seriösität vor, die am kurzen oder langem Ende von den desaströsen Zuständen in der Wirklichkeit eingeholt wird.

Selbst vor Kursmanipulationen, wie bei Metabox, Biodata und Infomatec schreckten die Verantwortlichen nicht zurück und bildeten die Keime für Pleiten, Pech und Pannen an deren Börsenverfall. Was nützt es dem Aktionär, wenn der Insolvenzverwalter als Erklärung für den frühen Tod des Patienten am offenen Grabe verkündet, der unselig Verblichene sei nur Opfer seiner eigenen Wachstumsdynamik gewesen. Ob die Todesursachen Börsenstress, Markthektik oder bloße Unfähigkeit waren, ist für die Trauernden nur ein marginaler Trost.

Erklärungen für das Versagen gibt es viele. Urheber lassen sich im Nachhinein sowieso nicht mehr identifizieren, schon gar nicht, wenn es sich um völlig unqualifizierte Unternehmenslenker oder überforderte Unternehmenskontrolleure handelt, die aus Ignoranz, persönlicher Devotion oder nur schlichter Botmäßigkeit alles akklamieren, was andere ihnen vorbeten. Dies ist besonders dann der Fall, wenn Aufsichtsratsposten oder Vorstandsmandate von Familienangehörigen wahrgenommen oder unter Freunden und Bekannten besetzt werden.

Mit dem Internet-Dienstleister Kabel New Media wurde jedenfalls erstmals nach Einführung der etwas strenger gefassten Börsenregeln eine Firma direkt aus dem Neuen Markt herausexpediert, weil inzwischen gegen den vermeintlichen Durchstarter ein Insolvenzverfahren anhängig war. Ein Novum aus jüngster Zeit, das erneut zum weiteren Schwund des letzten Restvertrauens in diesen Wertpapiermarkt beitrug.

Wie viel Kapital der Neue Markt zerstört hat, wie viel Anleger ihr Vertrauen in das hochgepriesene Börsensegment verloren haben, wie viel Banken ihre eigenen Börsendispositionen geändert haben, lässt sich nicht beziffern und in Gewinn oder Verlust ausdrücken. Aber eines wurde wenigstens deutlich, dass neue Besen in neuen Märkten nur dann gut kehren, wenn der ernste Wille aller Akteure nach Sauberkeit besteht und den Absichten auch die Taten folgen.

TORRE PENDENTE DI PISA

Der schiefe Turm von Pisa – 800 Jahre alt und seit 200 Jahren in Schieflage befindlich – ist uns allen wohlbekannt. Er gilt seit vielen Jahren als eine der berühmtesten touristische Attraktionen nicht nur Italiens, sondern Europas und der ganzen Welt. Spätestens mit der OECD-Vergleichsstudie aus dem Jahre 2001 verbinden wir in Deutschland mit dem Namen Pisa auf dem Bildungssektor ein weniger attraktives Vorzeigeresultat, wenngleich beides indes mit einer Schieflage zu tun hat. Was war geschehen?

Die von der OECD in Auftrag gegebene Studie in 32 Ländern dieser Welt ist der größte internationale Bildungsvergleich der Jugend in den getesteten Staaten. Deutschland gehörte mit über 5000 Schülern im Alter von 15 Jahren zu den insgesamt 180000 weltweit befragten Jugendlichen. Im Ranking der 32 Länder landete die Bundesrepublik mit einigen Ausnahmen auf dem 25. Platz und war damit immerhin um sieben Positionen besser als der schlechteste Teilnehmer. Ein fürwahr erstaunliches Ergebnis für ein Land, dass sich zu den G7-Staaten zählt, einem Club, der sich rühmt, zu den wichtigsten Industrienationen dieser Erde zu gehören. Bildungsseitig ist das jedenfalls nicht der Fall. Die Stürmer von Wirtschafts- und Währungsgipfeln sind bestenfalls fußkranke Wegelagerer auf den Hügeln eines Bildungsmittelgebirges.

Was den angestammten Bildungstheoretikern dieser Nation nun schwarz auf weiß vorliegt, darf getrost wieder relativiert, zerredet oder infrage gestellt werden. Hoffnungsvolle Ansätze liegen hierzu bereits vor. Pisa ist eben eine Stadt Oberitaliens und liegt nun einmal nicht in Deutschland.

Unser Bildungssystem, von kritischen Pädagogen selbst als marode empfunden, bestätigt durch die Pisa-Studie, ist den notwendigen Anforderungen vergleichbarer Bildungsansprüche schon lange nicht mehr gewachsen. Unsinnige Refor-men und völlig unausgewogene Schulsysteme haben zur Verwirrung, Wut und Verzweiflung nicht nur der Schüler selbst, sondern auch vieler Pädagogen, Eltern und Erzieher beigetragen. Das Ergebnis dieser Bildungs-, Forschungs- und Wissenschaftsexperimente ist, dass unsere Schüler (und nicht nur die 15-Jährigen) zu den schlechtesten dieser Welt gehören. Dieses Urteil hat unser Nachwuchs eigentlich nicht verdient und ist ihm von denen aufgebürdet worden, die unverantwortlich und halbherzig mit der Ausbildung unserer Jugendlichen verfahren sind. Ohne diese Studie wäre sicherlich Bildungspolitik weiterhin nach dem Motto: business as usual betrieben worden und niemand hätte die eklatanten Bildungsschwächen zum Anlass genommen, Alarm zu schlagen.

Wenn man sich die Höhe der Bildungsetats im Rahmen der Länderhaushalte und in Relation zu den anderen Ressorts ansieht, wundert das Studienergebnis nicht. In einigen Bundesländern bildet der Bildungsetat absolut wie relativ das Schlusslicht unter den Einzeletats der Ministerien und in der Summe oft nur wenig mehr als 1% der gesamten verfügbaren Landesmittel. Wer aber so wenig Herz für Bildung hat, darf sich nicht wundern, dass die übrigen Ausgaben nur geringe Verzinsung bringen. Denn bekanntermaßen rufen Investitionen im Schul- und Ausbildungsbereich die höchsten Renditen hervor. Wer aber dies negiert, vermindert den Kapitalwert öffentlicher Ausgaben und versündigt sich an den fehlgeleiteten Ressourcen bereitgestellter Steuermittel.

Die z. T. völlig unqualifizierte personelle Besetzung von Bildungsressorts in den Entscheidungsorganen, die Entsendung von überforderten Teilnehmern in Kultusministerkonferenzen, die falsche Prioritätensetzung, die mangelhafte föderale Abstimmung und vieles mehr, haben zu einem Bildungsskandal geführt, der ausschließlich hausgemacht ist und überwiegend von den Bildungspolitikern zu verantworten ist. Wer glaubt, Schulpolitik nebenher mitlaufen zu lassen und sich sonst überwiegend in Parteiarbeit zu ergehen, handelt grob fahrlässig an den Schülern und übersieht das Bildungsbedürfnis unserer Gesellschaft, den Herausforderungen der Zukunft national wie international gerecht zu werden.

Kultusministerkonferenzen sind keine Sportereignisse, auch wenn einige Teilnehmer zu Verwechslungen neigen. Spaß, Spannung und Sponsoring gehören nicht in den Unterricht. Sie sind eine populistische Anbiederung an landläufige Vorurteile, weil sich jeder Politiker einer breiten Zustimmung zu der indirekt formulierten Kritik an langweiligem Unterricht, der keinen Spaß macht, sicher sein kann.

Natürlich gibt es schlechten Unterricht, weil es auch schlechte Lehrer gibt. Und natürlich soll auch der Unterricht Freude machen. Aber die Ausschließlichkeit dieser Forderung ist reine Anbiederung und rückt die Schule noch näher in Richtung Freizeitanimation und Lernwiderstand. Sollen etwa Lehrer mit immer schnelleren Themenwechseln und aufdringlicherer Aktualisierung, immer gewagteren Versuchen und attraktiveren Computeranimationen die Sucht nach Kurzweil der Schüler befriedigen? Dies mag für den Nachwuchs hoffnungsvoller Berufskicker gelten und dem geistigen Niveau mancher Teams entsprechen; für eine Welt aber, in der es auf die Sinnfrage der Arbeit ankommt, die eigene Selbstdisziplinierung zu meistern, Erkenntnisblockaden wegzuräumen, Frustration zu überwinden und sachübergreifendes Verständnis zu entwickeln, bietet das gegenwärtig angestrebte Schulsystem keine konkreten Ansatzpunkte und Hilfen. Nur die Dummheit feiert Triumphe, wenn Schüler zu lange auf den Spaß beim Lernen warten (Wissmann).

Der derzeitige Bildungsinfarkt schließt sich nahtlos an die Krankheitssymptome in allen anderen politischen Bereichen an, sei es im Verkehrsbereich, im Sozial- und Gesundheitswesen oder im Wirtschafts- und Finanzsektor, um nur einige zu nennen. Und diese Erscheinungen pflanzen sich fort. Die schlecht ausgebildeten Schüler stoßen auf schlecht situierte Studiengänge an den Hochschulen, auf überfüllte Hörsäle, lange Warteschleifen und unbefriedigende Studienergebnisse, die den Belangen der Arbeitswelt nicht gerecht werden. Der Ausleseprozess nicht studierfähiger Jungwissenschaftler wird zurückverlagert auf Ausschreibungs- und Bewerberverfahren in der privaten Wirtschaft, im öffentlichen Dienst und anderer Einrichtungen, weil Schulen und Hochschulen dem Anspruchsniveau einer erfolgsabhängigen Gesellschaft nicht mehr hinreichend genügen. Die Absenkungen der Grundschulen auf das Niveau von Sonderschulen, von Mittelschulen auf das Niveau von Grundschulen, von Oberschulen auf das Niveau von Mittelschulen und von Hochschulen auf das Niveau von Fachschulen führen im Endergebnis dazu, dass die eigentliche Qualifikationshürde am Ende der schulischen Ausbildung auf die Arbeitgeber nachverlagert wird und nicht durch das selektive Auswahlverfahren anspruchsvoller Studiengänge in der Hochschule stattfindet. Wenn Abitur und Examen zum Muster ohne Wert werden, dann wird auch die nächste internationale Vergleichsstudie zu keinem anderen Ergebnis kommen. Der Abstieg in die bildungspolitische Regionalliga ist vorprogrammiert, wenn die Streichung von Unterrichtsfächern, Reduzierungen von Prüfungsgegenständen, Ausfall von Unterrichtsstunden und Vorlesungseinheiten, Anstieg von Klassen- und Hörsaalfrequenzen weiterhin zum Ausbildungsalltag gehören und die Evaluation der Universitäten nur noch auf die Zahl der durchgeschleusten Absolventen abstellt.

Das schlechte Testergebnis kann freilich nicht alleine auf die mangelnde Arbeitshaltung der Schüler zurückgeführt werden, auch nicht auf die allzu lange Studiendauer mancher Bummelstudenten. Es liegt auch nicht ausschließlich an den hausgemachten pädagogischen Fehlleistungen, wenngleich das leichtfertig gebrauchte Kanzlerwort von der Faulheit der Lehrer unter dem Aspekt der Testergebnisse eine neue Dimension erhält.

Die Wurzel des Übels liegt tiefer. Schüler und Jugendliche – wie in einem anderen Beitrag dieses Buches schon aufgezeigt – definieren ihre „Wertorientierung" sehr stark über den Konsum, Lehrer definieren sich nicht selten über Frustration, Ferien und Freizeit, Professoren häufig über Nebenjobs, Einkünfte und Besitzstände. Bildungs- und Allgemeinpolitiker hingegen definieren sich in erster Linie über Mandatserhalt und Eitelkeit. Alle Definitionen taugen nichts im Umgang mit verantwortlicher Bildung und Ausbildung, die für unsere Jugend angemessen und verantwortbar ist.

In diesem Kontext helfen auch keine sonst so hochgelobten High-Tech-Errungenschaften, wie die Zahl der eingerichteten Sprachlabors, programmiertes Lernen, Mengenlehre, Grenzwertmethoden, Islamunterricht und Sexualerziehung für Schulanfänger. In jedem Bildungstopf wird das eigene Süppchen gekocht und die angerührte Speise reicht dann nicht aus, um den gemeinsamen Bildungshunger zu stillen. Schulen gleichen von innen und außen zuweilen schlechten Obdachlosenheimen und die Selbsthilfe vieler Eltern zur besseren Gestaltung schulischer Räumlichkeiten wird über das zumutbare Maß hinaus strapaziert. Es ist bisweilen ein erschütterndes Bild zu sehen, in welch erbärmlichen Räumlichkeiten „moderner" Unterricht stattfindet und junge Menschen dort auf die Herausforderungen der kommenden 50 Jahre vorbereitet werden. Nicht von ungefähr hallt seit vielen Jahren der Ruf nach qualifizierter Ausbildung und adäquaten Räumlichkeiten mit der Folge wider, dass private Bildungsstätten mit entsprechendem Angebot und den damit verbundenen Ausbildungskosten starken Zulauf erhalten. Gute Bildung ist teuer und kann nicht zum Nulltarif angeboten werden, weder privat noch öffentlich. Nur ist dies der öffentlichen Hand und ihren Anspruchsnehmern nicht hinreichend bewusst.

Dabei ist nicht zu übersehen, dass diejenigen, die für die Bildungsmisere Mitverantwortung tragen, nicht selten ihre eigenen filiae und filii jenen privaten Bildungsträgern zuführen, und zwar konfessions- und parteiübergreifend, von denen sie sich wertvolle und qualifizierte Bildungsstandards erhoffen.

Dies hat freilich einen tieferen Grund. Wenn Karrieren und Positionen, Ämter und Ansehen einen immer höheren Stellenwert in unserer Gesellschaft einnehmen als die Grundwerte einer intakten Familie, einer intakten Ehe und eines intakten Berufslebens, dann fehlt auch die elterliche Sinnverpflichtung und Aufgabenstellung, den Kindern die erzieherische Grundlagen zu vermitteln. Sie verkümmern in ihrem Reifeprozess, weil sie nicht gefordert werden, sondern auf Förderung warten, ihr Lesevermögen nicht ausgebildet wird und ihr Sprachvermögen verkümmert. Alles das sind Ergebnisse, die von der Pisa-Studie angesprochen und bemängelt werden.

Noch eindeutiger war kürzlich unter dem Glossar „Eltern müssen lernen lehren", zu lesen, dass Kinder schlimmstenfalls als dekoratives Accessoire (Garms) einer falsch verstandenen Partneridylle in die Welt gesetzt und irgendwann durch die vielen Ablenkungsmanöver einer Spaßgesellschaft als lästig empfunden werden. Sie stören im alltäglichen Versorgungskampf ihrer Eltern und werden Verwandten und Horten überlassen, die für eine Ersatzerziehung herhalten müssen. Oder sie lassen sich von den Launen ihrer Sprösslinge treiben und kapitulieren aus Desinteresse, Hilflosigkeit oder Bequemlichkeit vor einem konsequent vorgelebten Erziehungskonzept. Der Bildungsgrundstein wird im Elternhaus gelegt und nicht in Tagesstätten oder Ganztagsschulen.

Alle bisherigen Reformen, unseren Bildungsnotstand zu beheben, haben versagt. Die zuletzt vollmundig motivierte Rechtschreibreform war ebenso ein Fehlschuss wie die Schulreform oder die Reformationen an den Hochschulen. Eklatante Schwächen in der naturwissenschaftlichen Grundbildung wundern nicht, wenn an einigen Schulen nicht einmal bekannt ist, wie das Wort Physik geschrieben wird, der Mathematikunterricht zum Neben-Event verblasst und die Lesekompetenz in die Nähe des Analphabetentums rückt: 23% der getesteten Schüler beherrschen das Lesen nur mit Mühe.

Aus diesem Grunde versichern sich inzwischen auch viele prominente Redner, dass nur das gesprochene Wort zu gelten hat und nicht mehr das geschriebene Wort aus ihrem Redemanuskript, wenn schon das Ablesen Mühe macht.

Der kürzliche Aufruf eines bekannten Kulturpolitikers und noch bekannteren Sportmanagers nach mehr Spaß und Spannung im Schulunterricht gibt den Trend vor. Was an den Wochenenden in den Fußballstadien vorgelebt wird, sollte sich in den Klassenräumen fortsetzen. Der Lehrer als Freizeitanimateur ist aber fehl am Platze.

Vielmehr hat er Anstrengungen zu fördern und keine Rezepturen zu liefern, die nur ein mechanisches Anwenden abrufen. Gestaltungsfähigkeit und Kreativität zum sachübergreifenden Verständnis sind wichtiger als kurzatmiges Lernen von einer Klassenarbeit zur anderen. Die Spracharmut der Lehrer zu den Schülern provoziert die Sprachlosigkeit der Schüler und das vermittelnde Gespräch untereinander. Die fehlende Sprachkompetenz wird kaum außerhalb der Schule verbessert und die schriftliche Kommunikation gelingt allenfalls noch im Chatten. Der Satzbau rudimentiert zu Schlagworten; der Wortschatz endet als Sprechblase. Schuld daran ist der Zeitgeist, die Gesellschaft, wir alle, die unfähig geworden sind, Bewährtes zu bewahren und Autoritäten nicht mit Autoritärem zu verwechseln. Wer nach der Gefälligkeit erzieht und ausbildet: Wie hättest Du es gerne, schadet nur dem, der es so und nicht anders gerne hätte, also am wenigsten ihm selbst. Diese Erkenntnis muss später staatlicherseits teuer korrigiert werden und führt zu entsprechenden schmerzlichen Prozessen bis hin zur Frage, wie geistige Defizite durch Zuwanderung qualifizierter Einwanderer lösbar gemacht werden. Ein teueres Unterfangen, wenn die eigenen

Identitäten bereits im Elternhaus und dann in der Schule preisgegeben werden.

Die Bildungsschieflage der Pisa-Studie kann kein Anlass sein, zur Tagesordnung überzugehen. Mit dem überstürzten Einsatz von Ganztagsschulen, Lehrerfortbildung und Bereitstellung von mehr Steuergeldern ist es nicht getan. Konzertierte Aktionen, die Schluss machen mit Einzelaktionen und kurzfristigen Planungen sind mindestens so wichtig, wie die Erkenntnis der Landesregierungen, dass Bildung Not tut und den Bildungsministern jene finanziellen Freiräume ermöglicht werden, die den Stellenwert der Schulbildung in einer Industriegesellschaft wie in Deutschland in hohem Maße gerecht werden und endlich die Vielzahl unsinniger Subventionen hinterfragt und abgebaut werden. Zeitgemäße Lehr- und Studienpläne, überarbeitete Prüfungsanforderungen mit zentralen Inhalten müssen ein übriges tun und die Lehrer zu dem anhalten, was sie sein sollten, nämlich ernst zunehmende Pädagogen und keine Waschlappen (Rössler).

Es ist nicht damit getan, dass endlich wieder „Ruhe" an der Bildungsfront eintritt, wie vor einiger Zeit ein altbewährter Schulmeister sich räusperte und dabei wohl nur sein eigenes Ruhestandsbedürfnis meinte. Im Gegenteil: Wer seinen Beruf als Erzieher, Ausbilder und Lehrer auf welchen schulischen Ebenen auch immer ernst nimmt, wer mit seinem Beruf Eignung und Neigung, Fähigkeit und Fertigkeit verbindet, wer in seiner beruflichen Profession fachliche Kompetenz mit menschlicher Begegnung und persönlicher Beweglichkeit verbindet, der vermittelt nicht nur den Sinn seiner Arbeit an die auszubildende Jugend, sondern gewinnt sie zurück, sich für ihre eigene Bildungskultur zu interessieren und die Herausforderungen einer adäquaten Schulbildung anzunehmen, wenn es sein muss, auch mit unkonventionellen Mitteln.

Der schiefe Turm von Pisa mag in statischer Hinsicht gesichert sein. Die Pisa-Studie hat aber mit dynamischen Prozessen im Bildungswesen zu tun, denen wir uns täglich neu stellen müssen. Statische Festschreibungen, persönliche Absicherungen und bildungspolitische Tatenlosigkeit zementieren die terrestrische Schieflage. „Pisa" wird aber nur dann ins Lot kommen, wenn die berufsethischen Erkenntnisse alle in der Gesamtverantwortung Stehenden vollumfänglich erfassen und in die Schulpraxis umgesetzt werden.

AM 16.12. UM 16.12 UHR

Es war der dritte Adventssonntag des Jahres 2001. Eigentlich kein ungewöhnlicher Tag. Das morgendliche Frühstück eröffnete den Tag und sollte in die Lektüre einer Sonntagszeitung einmünden, die mit dem Aufmacher „Neuer Terror-Alarm in Deutschland" die sonntägliche Idylle aufmischen sollte. Soweit kam es aber nicht.

Gegen 10.12 Uhr meldete sich eine fremde Stimme und teilte mit, dass sie auf ihrem Spaziergang ein Mitglied unserer Islandpferdefamilie beobachtet habe, das beim Aufstehen Schwierigkeiten habe und sich nach kurzer Zeit immer wieder niederlässt, so, als könnten die Beine das Pferd nicht tragen.

Erschüttert über den Inhalt dieser Meldung, dachten wir sofort an unseren Wallach Faxi, der bereits 30 Pferdejahre durchlebte, und als einzigartiges Verlasspferd nun seit geraumer Zeit bei den anderen Pferden in der Herde sein Gnadenbrot bekam. Er war seit einigen Wochen erheblich abgemagert, nahm aber zur Freude seiner Besitzer immer noch gut Nahrung auf, auch mit dem Willen der Selbstverteidigung gegenüber seinen Mitvierbeinern. Der erste starke Frost des beginnenden Winters setzte ihm indes stark zu und erhöhte Menge und Frequenz der Sonderfütterungen.

Vor diesem Hintergrund versetzte uns die Botschaft in Panik und wir eilten sofort zur Pferdeweide, wo die Tiere schon auf uns zu warten schienen. Mit Pellets, Möhren und Äpfeln hofften wir, unsere vierbeinigen Freunde und insbesondere unseren Faxi wieder „auf die Beine" zu kriegen. Uns wurde aber rasch klar, dass Faxis Kräfte immer mehr schwanden. Sein Körper wurde zusehends schwächer und verweigerte die mitgebrachte Nahrung. Ein Phänomen, das wir bei ihm nicht kannten und uns deshalb in Alarm versetzte.

Die übrigen Islandpferde hielten sich von Faxi in würdevollem Abstand, so als ob sie ahnten, dass hier jede unmittelbare Neugier fehl am Platze schien. Sie beobachteten uns und unser Treiben und ließen das Umsorgt-Sein für Faxi geschehen. Die Situation war völlig atypisch. Wo sonst wildes Geklapper und umtriebiges Leben herrschte, war eine nahezu pietätische Stille getreten.

Uns war sofort klar, dass hier nur unser Pferdedoktor helfen konnte, den wir wegen seines sonntäglichen Kirchgangs nicht erreichen konnten. Da er anschließend direkt zum Essen ging, baten wir darum, ihn sobald als möglich zu informieren.

Wir erbaten dringenden Rückruf und gaben Symptome und Erscheinungsbild des Pferdes durch mit der Maßgabe, dass dem Tier alsbald geholfen werden müsse. In klirrender Kälte warteten wir – Stunde um Stunde – auf der Weide und organisierten die bescheidenen Notwendigkeiten für eine Besserung des Zustandes unseres Vierbeiners. Eine Decke wurde besorgt, die Faxi vor Kälte und Kräftezehrung schützen sollte. Faxi aber stand kaum noch auf, sondern legte sich in voller Breite auf den hart gefrorenen Weideboden.

Seine häufigen Anstrengungen, sich wieder aufzurichten und stehen zu bleiben, glückten nur noch einmal. Umhängt mit der purpurroten Decke mobilisierte er seine letzten Kräfte und schritt – fast majestätisch – mit erhobenem Haupt seiner letzten Lagerstätte zu, so, als wollte er seinen Besitzern und den übrigen Pferden zeigen, wie auch ein Pferd sich in Würde von dieser Welt verabschieden kann.

Ein Fremder hatte sich besorgt gefühlt und uns informiert. Eigenartig, dass so viele Dorfbewohner und Nachbarn sich als Pferdefreunde geoutet hatten, ohne dass sie in der Stunde der Not, da waren. Alles nur Zufall oder schlichte Spekulation?

Die Jalousien der nachbarlichen Wohnvierecke waren inzwischen hochgezogen und man fand langsam in den Tag. Vielleicht erhoffte man sich gerade an diesem Tag, nach einem üppigen Mittagsmahl sich des Anblicks grasender Isländer zu erfreuen und nicht den sonst gewählten Bogen um die Pferde zu schlagen. Hinschauen statt weggucken – wenn auch nur durch einen Fremden – hat wieder einmal mehr den Tieren geholfen. Wer aber die Jalousien um 16.12 Uhr herunterlässt, um nichts zu hören, nichts zu sehen und nichts zu sagen, überlässt den Fremden die Chance, Verantwortung – wenn auch „nur" gegenüber Tieren – zu zeigen. Wenn die Jalousien des Lebens keinen Lichtstrahl mehr von innen nach außen freigeben, wenn zur nachmittäglichen Stunde kein Sonnenstrahl mehr von außen in die eigenen vier Wände dringen kann, dann sind wir weit davon entfernt, mit der uns übertragenen Verantwortung verantwortbar umzugehen. Der tägliche Rückzug in die selbstdefinierte Geborgenheit entfremdet die Seelen und macht die Herzen blind, taub und stumm. Das Leben dieser nachbarschaftlichen Zeitgenossen spielt sich im Bermuda-Dreieck ihres Lebens ab, zwischen Glotze, Eisschrank und Klo; eigentlich zu wenig Fläche, um darauf Menschen und Tieren genügend Platz zu geben. Und wer überdies sein Heil nur in mitmenschlicher Beschädigung sucht, der verspielt auch die Liebe zu den Tieren und gräbt sich bereits zu Lebzeiten zwischen den Pflöcken seines engen Weidezaunes ein.

Faxi hat in seinem kurzen Leiden noch Glück gehabt. Er hatte jemand gefunden, der ihn beobachtet und sich gemeldet hat, der nicht weggeschaut hat, als er in Lebensgefahr war.

Als Faxi mit Mühe sein letztes Quartier bezog, war die rote Decke immer noch um seinen Körper gehüllt. Das Lager war voller Laub und bot ihm eine bessere Ruhestätte als der hartgefrorene, abgegraste Weideboden an irgendeiner anderen Stelle des Geländes. Der von dem sterbenden Tier gewählte

Ort war von außen geschützt und von niemandem einsehbar. Er war dort für sich. Hier, wusste er, findet er seine letzte Ruhe. Er legte sich nieder und konnte nur mit Mühe sein Haupt halten, das immer wieder auf den Boden fiel. Er atmete kurz und lag im Frieden mit sich selbst. Die Dunkelheit eines bewölkten Tages entfernte sich langsam trotz vorgerückter Tageszeit und der Himmel klarte sich zu unserer Überraschung auf.

Wir wussten, dass die Stunde des Abschieds gekommen war. Bemühungen, ihm noch Futter zu geben, wirkten hilflos und ohnmächtig im Angesicht der Würde dieser Stunde. Nur der umgürtete „Purpur" als wärmender Schutz vor der bitteren Kälte war die bescheidene Genugtuung für eine inzwischen ausweglos gewordene Hilfe. Das Warten auf den Arzt gab uns Gelegenheit, dem Tier zu danken für die vielen schönen Stunden, für den unermesslichen Reichtum, den wir durch ihn erfahren haben in allen seinen verschiedenartigen Ausprägungen. Die Jahre der Gemeinsamkeiten schmolzen in wenigen Minuten dahin, die uns verblieben, bis der erlösende Einsatz der medizinischen Kunst Faxi von seinen irdischen Plagen befreite.

Am 16.12. um 16.12 Uhr starb Faxi, ein normales Pferd, kein Wundertier aber ein wunderbarer Kamerad.

Der Himmel war nun ganz klar geworden und die Sonne verabschiedete sich von diesem Tag mit dem schönsten Abendrot. Es wurde Nacht und ein treuer Freund war nicht mehr.

Er hat uns allen eine Botschaft hinterlassen. Gerade in der Stunde, in der ihm der Atem versagte, war für die meisten der Zeitpunkt gekommen, ihre Jalousien wieder fallen zu lassen und mit ihren Rolladen, sich ihrer Verantwortung zu verschließen. Vielleicht hat Faxi nur diese Stunde gewählt, um wieder an das Sehen, das Zuhören und das Miteinander-

Sprechen zu erinnern. Dann wäre es in der Tat egal gewesen, ob der Zeitpunkt seines Abschieds auf 16.12 Uhr (oder war es 16.13 Uhr?) gefallen wäre.

WER SICH ENTSCHULDIGT, KLAGT SICH AN ...

Wer sich entschuldigt, bereut normalerweise sein Verhalten und leistet dem Geschädigten Abbitte. Es stellt sich nach unserem Verständnis daher nicht die Frage: Wieso klagt sich jemand, der sich doch entschuldigt hat, überhaupt an? Die Antwort ist einfach: Wer sich entschuldigt, klagt sich des Verlustes an, sich nicht hinreichend seinen Versprechungen, Gelöbnissen oder Vereinbarungen gewidmet zu haben oder anders ausgedrückt, die zugesagte Vorsorge und Umsicht für das Geschehene nicht walten gelassen zu haben.

Gleichwohl, auf den ersten Blick scheint darin ein Widerspruch zu liegen. Denn mit der Entschuldigung soll ja zumindest moralisch ein Schlussstrich gezogen werden. Denn, wer sich entschuldigt, zumal mit bußfertigen Worten, gibt vor, Fehler begangen und eingesehen zu haben und mögliche Wiederholungen auszuschließen. Die Einsicht, gefehlt zu haben, ist die Voraussetzung dafür, dass eine Entschuldigung überhaupt akzeptiert wird, wenn sie nicht als bloßer Formalakt abgestuft und nicht wirklich als Entschädigung für erlittenes Unrecht missbraucht werden soll. In ethischer Hinsicht ist zunächst mit einer Entschuldigung dem persönlichen Anspruch nach „Glattstellung" Genüge getan worden. Daher kann von einer vermeintlichen Anklage gegen sich selbst auch keine Rede sein.

Die Entschuldigung soll ja gerade dazu dienen, das ramponierte Image aufzupolieren und Genugtuung zu verschaffen. Und da passt eine Selbstanklage überhaupt nicht in das angestrebte zu verbessernde Erscheinungsbild hinein. Ganz im Gegenteil. Eine öffentliche oder private Entschuldigung soll ja eigentlich von hoher moralischer Qualität zeugen und ist zudem schnell erledigt. Man kann danach rasch zur Tagesordnung übergehen und das Geschehene abhaken. Anklagen dagegen sind längerfristig, Anklagen gegen sich selber sind zudem sehr lästig, weil sie innere Einkehr voraussetzen und eine moralische Auseinandersetzung mit dem Geschehen notwendig machen, um zu einer für sich selbst klärenden Urteilsfindung zu kommen. Sich diesem Urteil zu stellen, ist freilich unbequem, und birgt überdies die Gefahr der Nachhaltigkeit und möglicher Unverzeihlichkeit.

Eine rasche Entschuldigung soll ja gerade eine Anklage – auch in moralischer Hinsicht – verhindern. Deshalb ist die Heilung zugefügter Wunden mittels Entschuldigung, meist ohne Kosten für den Betroffenen und ohne Gesichts- und Zeitverlust noch der einfachste Weg. Nur dann, wenn immer die gleichen Personen zu dem gleichen Instrument rascher Entschuldigungen für persönliche Verletzungen, Ehrabschneidungen und Arroganz greifen müssen, weil sie permanent anecken und den Goodwill der Öffentlichkeit überstrapazieren, werden die Gebetsmühlen ihrer Entschuldigungen allmählich unglaubwürdig und als Verballhornung der Bevölkerung empfunden.

Anklage wird nach unserem Rechtsempfinden nur dann erhoben, wenn die Rechtsordnung verletzt wurde und die Gesellschaft einen Anspruch auf Bestrafung bzw. Korrektur des begangenen Unrechts erhebt. Mit dem Recht auf Wiedergutmachung vollzieht sich jener Akt, wie er auch einer Entschuldigung zugrunde liegt: Sie ist das vorweg genommene Urteil über das selbst erkannte Vergehen gegen Einzelne, die Gemeinschaft oder gegen die Werteordnung einer ganzen Gesellschaft.

Entschuldigungen sind also die Erkenntnis über schadengeneigtes Vergehen, über begangenes Unrecht und impliziert somit die Selbstbezichtigung, für dieses Unrecht einzustehen. Insofern steckt in jeder Entschuldigung die erwähnte Selbstanklage. Und dies ist der Punkt: Wenn sich jemand der Begehung einer Verletzung von Anstand und Moral, Sitte und Gebräuche, Glaubwürdigkeit und Gerechtigkeit bewusst wird, sucht er nach Ausgleich durch Entschuldigung.

Dies vorausgeschickt, verfuhr unlängst ein prominenter Parlamentarier, der sich seiner verletzenden Handlungsweisen in den unterschiedlichsten Lebenssituationen bisher wenig einsichtig zeigte und erst auf Druck der Öffentlichkeit sich zu Entschuldigungen bequemte, um seine moralischen Störfälle gerade zu biegen. Denn immer waren die Anderen schuld an seinem Ungemach, auch wenn Zeugen vom Gegenteil überzeugt waren. Seine Einsichtsfähigkeit strebte stets gegen Null und nur die parteikameradschaftliche Überredungskunst ließ den Politstrategen zur Vernunft kommen. Schließlich ließ er sich doch herab, sich zu entschuldigen, um vor den Düpierten wenigstens den Eindruck eines Restanstandes zu wahren und für Partei und Amt Schlimmeres zu verhüten.

Die Brüskierung normaler menschlicher und sittlicher Gepflogenheiten feierten Urstände. Politiker seines „Formats" kokettieren bekanntermaßen lieber mit offensivem Kampfgeist gegen ihre neidvollen Kritiker als mit defensiver Bußfertigkeit und den für sie daraus zu ziehenden Konsequenzen. In das gängige Bild eines Parlamentariers passt es eben nicht, Eitelkeit mit Einsicht und Vergeltung mit Vergebung zu verwechseln.

Entschuldigungen eines Landtagspräsidenten sind sicherlich nicht alltäglich und gehören auch nicht zum Tagesgeschäft normaler Regierungstätigkeit. Wenn aber sich wiederholende Auffälligkeiten zu ständiger Medienpräsenz führen, dann neigen öffentliche Bloßstellungen nicht selten zur Aufdeckung menschlicher Blößen. In der privaten Wirtschaft und im sonstigen gesellschaftlichen Leben wären solche Persönlichkeiten unhaltbar und längst dort gelandet, wo sie hingehören, nämlich in den Bereich menschlicher Gemeinschaft, in der die Verantwortung für das eigene Schicksal Fremden oder anderen staatlichen Stellen überlassen wird. Dann endet auch die

Wahnvorstellung, dass die eigene Bedeutung nicht aus dem, was sie sind und wofür sie stehen, erwächst, sondern einzig und allein aus ihren Ämtern, die sie innehaben, und noch lange der Nachglanz ihrer „prominenten Stage" die Zeit nach ihrer Ablösung erhellt.

Die Übertragung eines staatstragenden Amtes befreit den Amtsinhaber nicht davor, menschliche Ellen genauso zu durchmessen, wie es für normal Sterbliche üblich ist. Vielleicht bedeutet die erste Dienerschaft im Staat sogar Verpflichtung, in der Kürze ihrer politischen Duldung, den Maßstab für eigene Fehler und persönlicher Unvollkommenheit so festzulegen, dass er stets einer kritischeren Prüfung als bei gewöhnlichen Sterblichen zu unterziehen ist. Strafrechtliche Vergehen oder nur schlichte Taktlosigkeiten haben in der Zeit prominenter Stagen eine andere Qualität und damit eine andere Gewichtung, ob man will oder nicht. Minister und Präsidenten sind dann fehl am Platze, wenn sie glauben, sich kraft Amtes (fast) alles erlauben zu können. Sie sollten nicht vergessen, dass sie Teil des Fußvolkes sind, das ihnen erst zu diesem Amt verholfen hat und dem sie ihre gegenwärtige Stellung verdanken. Es besteht also kein Grund zur Überheblichkeit.

Zu den vielen Rechtfertigungsversuchen des Parlamentsvorstehers in der Vergangenheit gesellte sich jüngst ein neuer Störfall:

Der Präsident verstieg sich vor Schülern der 8. und 9. Klasse einer Regionalschule aus Anlass eines dort angesetzten Meetings zu einer erneuten unglaublichen Brüskierung. Nach Selbstdarstellung, Unterredung und Diskussion der gestellten Fragen wurde dem hohen Gast als Gastgeschenk der Schüler und als Dankeschön für sein Kommen ein „Weckmann" überreicht. Der Parlamentsfürst nahm die Leibspeise, aß sie an und warf sie wieder fort, indem er sie in einer nahegelegenen Mülltonne vor den Augen der Schüler und des Lehrpersonals entsorgte. Zum Entsetzen der zuschauenden Gastgeber, insbesondere der jungen Leute, war sich der hochrangige Politiker aus der Landeshauptstadt nicht zu schade, statt einer Geste des Dankes und der Dankbarkeit, seinem Ekel über die dargebotene Speise auf diese Weise Ausdruck zu verleihen. Dieser Ausrutscher ist symptomatisch, vor allem für solche Politritter, die es gewohnt sind, ständig zu Lasten der Staatskasse fürstlich zu dinieren. Weckmänner stehen nicht auf ihrem Speiseplan. Die überzeugte Haltung, dass Brot, in welcher Form auch immer, etwas Wertvolles ist, dass Speisen aller Art dazu dienen, Menschen (und Tiere) zu ernähren, und dass nicht alle in dieser Welt uneingeschränkten Zugang zu Gourmettempeln haben, war dem so Beschenkten gedankenverloren abhanden gekommen. Die Bekämpfung des Hungers in der Welt angesichts der furchtbaren Ereignisse in unserer Zeit gehört zwar zum Standardrepertoire applauserheischender Populisten, nicht aber zur praktisch gelebten Wirklichkeit in den Niederungen des grauen Alltags. Wut und Zorn machten sich breit über soviel instinktlosem Verhalten des längst Gesättigten. Die Schüler verlangten nach Satisfaktion ihrer gekränkten Seelen und suchten nach Erklärungen für soviel Vermessenheit und hybrider Selbstgenügsamkeit. Der anfänglich stille Protest und die spürbare Betroffenheit von Schülern, Schule und Eltern konnten nur mit Hilfe lokaler Medien und einer begrenzten Öffentlichkeit Nachdruck verliehen werden.

Leider fiel die interne Kritik von regierungsseitigen Mitstreitern und auch der Opposition bedenklich bescheiden aus, so dass am Ende der Eindruck entstehen musste, dass auch ihnen die Sensibilität im Umgang mit jungen Menschen fehlt. Oder sollten Auffälligkeiten dieser Art zum gewohnten Alltag deutscher Landespolitiker gehören?

Als unterdessen der mediale Druck auf den Präsidenten immer größer wurde, besann sich der Mandatsträger seiner moralischen Verpflichtung, eilte bußfertig zum Ort des Geschehens und leistete Abbitte, um damit drohenden politischen

Schaden abzuwenden oder wenigstens in Grenzen zu halten. Die Reue fiel indes genauso unglaubwürdig aus, wie das Vergehen selbst unglaublich war. Statt Einsicht und Eigenverantwortung erwies der Staatsmann seine generöse Großzügigkeit, indem er versprach, mit der Schule an einem Projekt „gegen den Hunger in der Welt" mitzuwirken und hierfür finanzielle Unterstützung aus dem Säckel des Landes bereitzustellen. Brot für die Welt in den Mülleimern der Schule war die sinnfällige Antwort auf die moralische Verwerfung, die den Politiker zwang, mit sich selbst ins Reine zu kommen.

Was muten diese Leute jungen Menschen an seelischen Schäden zu, bis sie erkennen, dass der politisch vorgelebte Pfad ein Irrweg für all jene ist, die Führung, Wegweisung und Wertorientierung erwarten. Wenn Politiker nicht endlich begreifen, dass immer nur das Einzelne – die einzelne Tat, die einzelne Entscheidung und die einzelne Versprechung – belichtet wird, wenn es für das Ganze, nämlich für die fortschrittliche und gelingende Erziehung und Zukunft der Jugend erstrahlen soll, dann werden Perspektiven leichtfertig vertan und dem Gemeinwesen insgesamt Schaden zugefügt. Manchmal ist das Einzelne nur ein unbedeutender Besuch einer kleinen Regionalschule, aber es schafft Licht für größere Zusammenhänge. An diesem Tag hatte die politische Leuchte mehrmals die Lichter ausgeknipst. Der angestrebte glanzvolle Abgang hatte alle Teilnehmer im Dunkeln gelassen; nicht zuletzt sich selber. Er war gekommen, um als Lichtgestalt zu strahlen und entschwand als Glühwürmchen. Was als Wegweisung gedacht war, reichte nicht einmal aus, um das eigene Stolpern zu verhindern. Licht zu sein für die Jugend, ist ebenso wichtig wie Brot für die Welt. Beides bedarf der persönlichen Überzeugung und der vorgelebten Gestaltung und nicht der Entsorgung im Unrat der Mülleimer oder leichtfertiger Lippenbekenntnisse unglaubwürdiger Absichtserklärungen.

Jugend braucht Vorbilder, auch wenn einigen Berufspolitikern das lästig ist. Aber wie soll diese Vorbildfunktion wahrgenommen werden, wenn eher das Gegenteil praktiziert wird? Orientierungslosigkeit ersetzt Zielsetzung, Gedankenlosigkeit ersetzt Programmatik und Beliebigkeit ersetzt Zweckbestimmung. Zum Ausleuchten der Zukunft fehlt der politische Wille und die erforderliche Umsetzung. Was kümmert schließlich einen gewählten Volksvertreter, wenn die Dauer des Erinnerungsvermögens seiner Wahlversprechen oder der Inhalt der abgeleisteten Eidesformel bei Mandatsantritt, die Halbwertzeit seiner Wahlperiode nicht überschreitet. Flurschäden gehören halt zu jedem Geschäft, vor allem dann, wenn sie nur noch als Erinnerungsposten oder Fußnoten in der Liste der sonst so erfolgreichen Ruhmestaten Erwähnung finden.

Aus diesem Grunde führen die meisten Verknüpfungen von Auffälligkeiten undisziplinierten Verhaltens zu keinen politischen Konsequenzen. Wer soll den ersten Stein werfen, wenn jeder über ganze Kiesgruben verfügt? Geschicktes Herausreden und das ethische Verhalten ersetzende Rigiditäten mit der Zuversicht rückendeckender Parteinahme; das ist der Stoff, aus dem der Machterhalt gewebt ist. Wohl dem, der mit diesen Krücken umzugehen versteht und damit Erfolg hat.

Wer das Leben nur im Glanz des Ego und im Leid der Altera begreift, darf sich nicht wundern, wenn ihn eines Tages die Demenz seines moralischen Erinnerungsvermögens die letzte Kraft raubt, rechtzeitig umzukehren. Die sonst so bemühten Medien, mit deren Hilfe die Prominenz zum politischen Erfolg reitet, sowie die für eigene Zwecke zuweilen instrumentalisierte Justiz und die nur auf Politwechsel bedachte parlamentarische Opposition, müssen für ihre Verantwortung gerade stehen, auch wenn mancherlei Rückenschmerzen sie vielleicht daran hindern.

Es ist nicht alleine damit getan, falsche (Vor)Bilder aus dem Anschauungsunterricht der Schulen zu entfernen, sondern vielmehr richtige Vorbilder zu finden und ihnen nachzueifern.

Es ist nicht damit getan, ständig nach rechtfertigenden Erklärungsversuchen für eigenes Fehlverhalten zu suchen, sondern neue Prioritäten für eine sinnerfüllende Aufgabenerfüllung zu definieren. Es ist nicht damit getan, das Netz parteipolitischer Verstrickungen dichter und absturzsicherer zu knüpfen, sondern Fehler einzugestehen und sich zur eigenen Schuld zu bekennen und Konsequenzen, ohne Wenn und Aber, daraus zu ziehen. Wer zur Selbstanklage bereit ist, braucht keine Entschuldigungen mehr.

Deshalb sollten politische Amtsträger die Insignien ihrer Macht nicht mit moralischen Freibriefen missdeuten. Es könnte sonst sehr schnell die Gefahr bestehen, dass der moralische Niedergang nicht mehr an den Schultoren von Regionalschulen halt macht, sondern auch andere Bereiche unseres Gemeinwesens erfasst. Politikverdrossenheit hat viele Wurzeln, ihre zukunftsbestimmenden in erster Linie jedoch in den Schulen.

Es sollte der Mühe und der Würde politischer Mandatsträger hin und wieder wert sein, ihre Energien nicht auf die Erweiterung von Entschuldigungsversuchen zu verlieren, sondern sie dort verstärkt einzusetzen, wo ihnen die von der Allgemeinheit übertragenen politischen Verantwortung genügend Raum gibt, ihrer Gestaltungs- und Vorbildfunktion für die Jugend gerecht zu werden. Bildung lebt von Bildern, mehr von Vorbildern als von Abziehbildern.

DIE HIRTEN ALS FANS

Vielleicht, so heißt es in einer Zeitung, ist der Erfolg des Christentums der Weihnachtsgeschichte im Lukas-Evangelium Kap. 2, 1-20 zuzuschreiben. Lukas, Heidenchrist aus Antiochien und Arzt, besaß eine besondere Bildung. Durch sie gelang es ihm, die Botschaft Jesu Christi jenen Kreisen zugänglich zu machen, die von den Ideen der Heilserwartung erfüllt waren. Die heilende Kraft und die helfende Güte Jesu als des Heilandes aller leiblich und seelisch Leidenden schlägt sich ergreifend in dem besonderen Wortlaut des berichtenden Mediziners nieder. Deutlicher noch charakterisiert er im Weihnachtsevangelium die besondere Stellung Jesu zu den irdischen Gütern.

Kein anderer Evangelist als Lukas vermochte, ein ähnlich meisterliches Szenario für die Geburt des Erlösers aufzuzeichnen und hier seinen Schwerpunkt zu setzen, der die Gläubigen bis in die heutigen Tage in den Christmetten und den weihnachtlichen Gottesdiensten fasziniert. Als Arzt und Evangelist, ohne selbst Zeuge des Lebens Jesu gewesen zu sein und gestützt auf verlässliche Mitteilungen, wusste Lukas von der heilenden Kraft seiner Erzählungen.

Die Texte von Lukas beinhalten alle Elemente einer Dramaturgie, die Menschen rührt und fesselt (Poschardt). Seine Bilder sind von großer Anschaulichkeit und eindringlicher Kraft: Das Wunder der Menschwerdung Gottes, geschieht nicht im Zentrum der damaligen Welt, sondern abseits des politischen Trubels. Jerusalem, der urbane Mittelpunkt von Macht und Reichtum, war als Ort des Todes, nicht der Geburt ausersehen.

Die Geburt fand hingegen in der tiefsten Provinz, in Bethlehem, statt, wo sich normalerweise keiner aus der Stadt blicken lässt.

Eher ein Ort zum Fürchten als zum Frohlocken.

Die Geburtsstätte selbst war auch kein Palast, nicht einmal eine Herberge, sondern ein schlichter Stall, mit dem gewöhnlichsten ausgestattet, was ein derartiger Unterstand zu bieten hatte. Nur die Ärmsten dieser Zeit übernachten in einer solchen Bleibe und bringen dort ein Kind zur Welt.

Der Heilsbringer ist ein Kind, hilflos, neugeboren und ganz auf die Liebe seiner Eltern angewiesen. Kein Fabelwesen mit magischen Kräften und leuchtendem Glanz, vor dem die Welt erzittert, ist der Held dieser Geschichte. Ein Baby, ein schwaches Geschöpf wie wir, einer von uns, keine Prominenz aus der Yellow Press.

Die nachhaltige Wirkung des Weihnachtsevangeliums gründet sich genau auf jene anrührende Würde, die nur ein schwaches, armes aber lächelndes Kind im Abseitigen auszustrahlen und zu vermitteln vermag.

Die ersten Besucher sind daher auch nicht Vertreter oder Repräsentanten wohlhabender Bürgerschichten, sondern die in der Nähe weilenden Hirten, die Nachtwache bei ihren Herden hielten. Sie erhielten als erste Kunde über die frohe Botschaft der Geburt Jesu Christi und eilten ohne Furcht und mit großer Freude an die Stätte der nächtlichen Niederkunft. Menschen einfacher Herkunft waren die ersten Fans, denen sich im Laufe der Menschheitsgeschichte noch viele anschließen sollten. Noch bevor die Leute von Film, Funk und Fernsehen für eine allgemeine Verbreitung der frohen Botschaft sorgen konnten und die Häscher der Machthaber alarmiert wurden, erschienen als nächste Gäste die Weisen aus dem Morgenlande, von weit her, die gen Himmel blickten, um dort die Zeichen zu lesen, die zum Retter und Messias führten. Sie nahmen die lange Wegstrecke auf sich, selbst auf die Gefahr hin, dass sie unterwegs scheitern würden. Sie wussten um die Nähe Gottes, seiner Ehre und Frieden allen Menschen seiner Huld.

Die Hirten und die Weisen, niemand sonst hatte das Privileg, das Kind, eingehüllt in Windeln und in einer einfachen Krippe liegend, zu besuchen. Kein Promi-Treff und kein Pop-Event, niemand hätte sich auszeichnen oder von dem nächtlichen Besuch der Stallgemeinschaft profitieren können. Sie war nicht populär und nicht spektakulär genug. Gott thronte nicht über den Wolken und demonstrierte dort seine Macht und Herrlichkeit im Gleißlicht der Kameras.

Schlagzeilen zur Verbesserung der Verkaufsauflagen von Straßenblättern macht ein solches Meeting nicht. Kälte und Dunkelheit, Armut und Stallgeruch sind nicht der Stoff, aus dem die Träume der Begüterten sind.

Lukas beschrieb Christus als Mensch, der es vorzog, unter den Menschen zu leben, ihre Nähe zu suchen und ihnen nahe zu sein. Näher jedenfalls als die Götterfamilie der Besatzer oder die Gottesvorstellung der etablierten Religionsoberen.

Dieser Mensch wagte etwas Neues. Er riskierte die Demütigung und Erniedrigung und wollte keine Schonung. Die Nähe zu den Menschen war für ihn die inkarnierte Nächstenliebe. Wie konnte der Evangelist das Angewiesensein auf die Liebe und Fürsorge seiner Mutter und ihres Bräutigams stärker demonstrieren, als seine menschliche Existenz ausschließlich durch die gelebte und praktizierte Nächstenliebe zu sichern?

Lukas hat in seinem Geburtsmythos Glauben und Religion selbst erlöst: von der Schwäche ihrer Vermittlung als Fiktion und Wahrheit.

Mut gehört zu einer solchen Dramaturgie. Sie verheißt unter normalen Umständen keinen Erfolg; erst recht nicht in dieser Langzeitwirkung. Eher sind wir vom Gegenteil überzeugt.

Lärm statt Stille, Lichterglanz statt Dunkelheit, Publicity statt Bescheidenheit, Wärme statt Kälte, Reichtum statt Armut sind auch heute noch die Meilensteine auf dem vermeintlichen Weg zum Frieden unserer Tage; dafür nur etwas kurzlebiger und vergesslicher als die Vorgaben im weihnachtlichen Evangelium.

Die ärztliche Kunst des Lukas liegt nicht in der Vermeldung der Geburt, sondern in der Vermittlung eines unerschütterlichen Glaubens an die Liebe Jesu Christi, die uns jedes Jahr aufs neue durch seine Erlösung Heilung verschafft.

MORAL UND WIRTSCHAFT – MASS UND MITTE

In jüngster Zeit hat sich bei bekannten Wirtschaftsvisionären die Erkenntnis gehäuft, dass der Blickwinkel, aus dem sie ihre eigenen Karrieren bisher beurteilten, inzwischen einer optischen Korrektur gewichen ist.

Diese Einsichtsfähigkeit tut dann Not, wenn am Ende der beruflichen Fahnenstange nicht mehr dabei heraus gekommen ist, als bedingungslos dem Primat der Wirtschaft und der Jagd nach Erfolg gedient zu haben.

Eine fürwahr einseitige Lebensphilosophie, die aber zu den finanziellen und beruflichen Quantensprüngen die zwingende Begleitmusik gewesen ist und im Laufe der Zeit zu einem orchestralen Crescendo angeschwollen ist.

Die Jahre des Aufbaus, der Marktpositionierung und der Kursentwicklung dienten nur dem Götzen Ertrag. Ein Grundprinzip, dem das eigene Leben, die eigene Existenz und die eigene Identität geopfert wurden. Der Gewinn wurde zum Maß aller Dinge, er war Mitte und Achse des selbstdefinierten Glaubensbekenntnisses. Ja, er war nicht zuletzt das ethische Korrektiv, an dem sich Sitte und persönliche Moral zu messen hatten.

Der Primat der Politik war längst verflogen und hatte sich zugunsten der Multis und der Großindustrie verflüchtigt. Die Vorrangstellung allen Wirtschaftens wurde zum Fetisch von Politik, Kultur, Sport und Gesellschaft und zum neuen goldenen Kalb erkoren. Der Primat der Ethik über Politik und Wirtschaft – im aristotelischen Sinn – wurde indes negiert und in das Arsenal verstaubter Denkmuster überführt. Ethik – die Lehre von der Verantwortung, auch der wirtschaftlichen Verantwortung – war nicht der Ort für Visionäre globaler Wirtschaftlichkeitsüberlegungen, sondern allenfalls der Tummelplatz für philosophische Träumer und Schwärmer, die mit den harten Fakten der Wirklichkeit nicht in Berührung gekommen waren.

Dies eingedenk, überraschen plötzliche Gedankenspiele über die Rolle der Moral in unserer Wirtschaft, und zwar umso mehr, je mehr die Denkanstöße hierzu von jenen kommen, die sich bisher um Ethik und Moral wenig Gedanken gemacht haben und eher im beruflichen Alltag einen Bogen um sie geschlagen haben.

Man könnte schnell geneigt sein zu sagen, dass die späte Einsicht, nämlich den falschen Werten im Leben gefolgt zu sein, lediglich dazu dient, das eigene Gewissen zu beruhigen, Krummes gerade zu biegen und die Optik der persönlichen Verdienste ins rechte, angemessene, von der Allgemeinheit akzeptierte Licht zu rücken, damit die Geschichtsschreibung sich doch noch zu einem gnädigen Urteil über die selbst ernannten Menschengerechten durchringt.

Das Denken über die Aufhebung des Widerspruchs von Gewinn und Ethik, von Ertrag und Moral kommt für die meisten Betroffenen häufig zu spät. Ihr Leben hat längst die Konturen unmoralischer Windschnittigkeit angenommen und der postberufliche Widerruf und der gewissensbelastende Abschwur jahrzehntelanger moralischer Versäumnisse und Vergehen verhallen dann ungehört.

Wer sich Zeit seines Lebens sattgefressen hat und andere nicht an den vielen Näpfchen teilhaben ließ, die für sie die Welt bedeuteten, darf sich nicht darüber wundern, wenn die Schutzbefohlenen und Anvertrauten zu einem wenig schmeichelhaften Urteil kommen. Die so Gekränkten und in moralischer Ungnade Verfallenen suchen verzweifelt nach moralischer Rechtfertigung ihres Tuns und nach neuem Heil für ihr Seelenleben. Sie besinnen sich wieder auf das, was wertvoller war als der Griff nach dem Geld, nämlich der Wunsch nach glückseliger Vollendung irdischer Bürden, die jeweils nur in der Eigenverantwortung und der moralischen Selbstverpflichtung für andere lagen, zu denen die „Heilsuchenden" bisher keinen oder kaum Zugang hatten.

Erst wenn den Visionären und Wachstumspropheten ihre Visionen ausgehen, hat die Ethik Konjunktur. Sie erhält Zulauf auch von jenen, die sie vorher missachtet, malträtiert oder verspottet haben. Auf einmal steht sie wieder im Mittelpunkt, wie eine Radnabe, um die sich alle Speichen drehen und von ihr radial ausgehen, damit die Fortbewegung keinen Schaden nimmt und die Unwucht das Weiterkommen nicht erschwert. Auf einmal werden die Skeptiker zu Moralisten und liefern auch gleich die Instrumente mit, unter welchen Bedingungen dem Gütesiegel der Ethik zu neuem Glanz verholfen werden kann. Die Macher der Wirtschaft entwickeln sich postwendend zu Machern der Moral. So einfach ist das. Ähnlichkeiten aus anderen Bereichen unseres gesellschaftlichen Lebens sind rein zufällig und sollen an dieser Stelle nicht weiter vertieft werden.

Andererseits sollte aber nicht übersehen werden, dass bei einigen Visionären am Ende ihrer wirtschaftlichen Nutzungsperiode und rechtzeitig zu Beginn ihres auf Ernte ausgerichteten neuen Lebensabschnittes die bessere Erkenntnis reift, dass die Ethik tatsächlich ein unternehmensimmanenter Erfolgsfaktor ist. Der Beweis bleibt freilich aus, auch wenn die Botschaft anderes verkündet.

Wie kann ein Mann, der alle Segnungen dieser Welt in Fülle genossen hat, sich plötzlich mit monastischem Gedankengut anfreunden, und dieses sich zu eigen macht, ohne daraus persönliche Konsequenzen zu ziehen? Stets hatte die Moral auf den Führungsetagen nur in den Besenkammern Platz gefunden, nicht aber in den Köpfen der Entscheidungsträger. Moral störte im täglichen Kampf um öffentliche Profilierung und

Selbsterhaltung. Sie manifestierte sich allenfalls im sonntäglichen Ritual als monetäre Gabe in die Opferstöcke der Kirchen.

Moral hat immer dann Konjunktur, wenn es um die eigenen Reputationsverluste, nicht aber um die Ängste von Mitarbeitern oder anderer Anvertrauter geht. Angesichts der weitverbreiteten Unsicherheit um den Bestand der Arbeitsplätze, angesichts der Hilflosigkeit und der Ohnmacht vieler aus dem Arbeitsprozess bereits Ausgeschiedener, angesichts der unverantwortlichen Divergenz der Einkommenspyramiden der Global Player und jener, die ihnen zuarbeiten und angesichts der ungeheuren sozialen Verwerfungen in unserer Gesellschaft, erscheint der Ruf nach mehr Ethik aus dem Munde der Wohlsituierten wie blanker Hohn.

Wer die Ethik als späte Rechtfertigungsgrundlage für berufliche Versäumnisse bemüht, betreibt nicht nur mit ihr einen unverzeihlichen Etikettenschwindel, sondern missbraucht sie auch als Quelle managementmäßiger Erneuerung und als Chance zur Übernahme gesamtgesellschaftlicher Verantwortung. Er setzt damit jenes Spiel fort, was er bis dato auch ohne sie gespielt hat: er instrumentalisiert sie für eigene Bedürfnisse und zur Beruhigung seines individuellen Gewissens.

Er weiß sich dabei in guter Gesellschaft. Die Übereinstimmung von Einsicht und Handlung kann aus zeitlicher Hinsicht nicht mehr stattfinden und unterliegt keiner ethischen Bewertung. Sie ist daher wertlos und für die Adressaten nur Schall und Rauch. Dies beruhigt vor dem Hintergrund, dass die wirtschaftlichen Benefizien im privaten Bereich längst eingefahren sind und diesen keine Kürzungen mehr drohen.

Die Hinwendung zu ethischen Grundprinzipien war in den meisten Führungsetagen unserer Wirtschaft kaum ein Thema. Dies gilt auch für den Lehrstoff an unseren Hochschulen. Die einseitige Studienausrichtung auf die eng definierten Bedürfnisse der Wirtschaft ließ für wirtschafts- und unternehmensethische Bildungsgrundlagen keinen Raum übrig. Wo soll denn das Gespür für die Notwendigkeit von Ethik in den Studien- bzw. Tagesordnungen von Wissenschaft und Wirtschaft herkommen, wenn niemand sie auf die Agenda setzt? Keiner fühlt sich verantwortlich, dennoch spürt jeder intuitiv die Bedeutung ihres Fehlens.

Lange Zeit war unsere liberale Wirtschaftsordnung davon überzeugt, dass die Selbstheilungskräfte, geboren aus dem klassischen Liberalismus, hinreichend sind für eine halbwegs funktionsfähige ethische Rahmenordnung. Wer viel verdient, ist auch bereit zu geben und wer in Arbeit ist, wird den Mund halten. Freiheit, Wohlstand und soziale Sicherheiten sind nun einmal alles Errungenschaften unserer sozialen Marktwirtschaft und diese anzuzweifeln hieße, das Erreichte aufs Spiel zu setzen, gleichviel, ob mit oder ohne Ethik. Denn wer satt ist, braucht sich um ethische Probleme nicht mehr zu kümmern.

Diese Einschätzung ist das weitverbreitete Leitbild vieler erfolgreicher Unternehmen, in dem sie das Ungleichgewicht zwischen Markt und Moral ignorieren. Bedrohungen gehen nur von den Märkten aus, nicht von den Menschen und schon gar nicht von solchen, die dem eigenen Unternehmen im Vertrauen auf erfolgreiches Unternehmertum ihr Humankapital zur Nutzung anvertrauen. Menschen sind keine Module, lagerfähig oder austauschbar, ohne Verbesserungsanspruch, weil sie zu teuer sind. Dieser Geist hat freilich tiefe gesellschaftliche Wurzeln. Er ist der Wirtschaft genauso immanent, wie der Politik, den Medien, dem Sport und anderen gesellschaftlichen Einrichtungen. Er rührt von einem strukturellen ethischen Defizit in unserer Gesellschaft und lässt sich kurzfristig nicht therapieren.

Es ist heute allen klar, dass diese Ungleichgewichte uns nicht von außen aufgezwungen wurden und dass die Globalisierung der Wirtschaft nicht die alleinige Schuld für die ethischen Defizite trägt. Sie ist vielmehr eine ökonomische Notwendigkeit, der sich die Wirtschaft herausfordernd zu stellen hat. Aber dieser notwendige und nicht mehr reversible Prozess bedarf des verantwortlichen Umgangs, und zwar für alle Beteiligte, deren gesellschaftliche Ansprüche es zu berücksichtigen gilt. Diese hier im Einzelnen zu nennen, würde sicherlich den Rahmen sprengen, aber sie stehen alle unter dem Verantwortungsszenario derer, die für diese Entwicklung unternehmerische Verantwortung tragen. Das gegenseitige Vertrauen und das gemeinsame Interesse, die beide so häufig zitiert werden, dürfen nicht zu ethischen Einbahnstraßen werden, deren Verkehrsführung nur in eine Richtung geht, nämlich dorthin, wo es ausschließlich um die Befriedigung eigener Ansprüche geht. Ethik verträgt keine Mentalität aus Selbstbedienung, Korruption und Selbstgerechtigkeit. Auf den Straßen unserer Wirtschaft sollte für jeden Platz genug sein, sowohl für Limousinen und teure Sportmodelle, als auch für weniger rasante Geschosse, die sich an die Geschwindigkeitsbegrenzung unserer ethischen Werte halten. Leider füllen sich die Schrottfriedhöfe betagter und weniger alter Fahrzeuge immer mehr und bald mag sich niemand mehr mit seinem Blechkleid in die Öffentlichkeit wagen, weil es nicht mehr die Aufmerksamkeit der übrigen Teilnehmer erregt. Es dient dann allenfalls noch als Gefährt zum Ausschlachten für Ersatzteile oder als Futter für die Schrottpresse.

Menschen bilden mit ihrem erlernten Wissen, ihrer Facherfahrung und ihren Kompetenzen einen hohen wirtschaftlichen Wert. Sie wollen Mitfahrer einer beruflichen Entwicklung sein und nicht Unfallopfer. Ihre Ansprüche haben eine ebenso hohe ethische Fundierung wie die der Geschäftsleiter und Wirtschaftsbosse bezüglich der Setzung richtiger Marktsignale für die Zukunft ihrer Unternehmen.

Die Internationalisierung der Wirtschaft kann nicht den „invisible hands" neoliberaler Schwärmerei überlassen werden, wenn die Kluft zwischen armen und reichen Ländern, zwischen wohlhabenden und bedürftigen Menschen nicht weiter aufgerissen werden soll. Was im nationalen Raum gescheitert ist, wird im weltweiten Netzwerk wirtschaftlicher Verflechtungen erst recht nicht gelingen. Die Frage nach gerechten Löhnen und Preisen, nach angemessenen Unternehmergewinnen und gerechter Einkommensverteilung wird immer offen bleiben und nie eine abschließende Beantwortung finden. Die soziale Ausdifferenzierung wird stärker werden und die soziale Ungleichgewichtung, das Missverhältnis zwischen Moral und den Märkten weiter erhöhen. Moral wehrt sich nicht gegen gute Geschäfte oder gegen gewinnträchtige Globalisierungsstrategien. Sie wehrt sich nur gegen Praktiken, die das ganzheitliche Gefüge unserer Gesellschaft infrage stellen und ethische Werte, wie Anstand, Fairness, menschliche Arbeitsbedingungen, soziale Gerechtigkeiten, menschenwürdige Behandlung, Stärkung des Gemeinsinns und selbstverpflichtende Verantwortung der Gesellschaft gegenüber negieren.

Ethik und Wirtschaft bilden für die Prosperität eines Unternehmens eine untrennbare Einheit; nicht erst, wenn der Leidensdruck in den Chefetagen beide zueinander führt. Kollisionen mit der Ethik rühren aus dem Unvermögen, sich mit ethischen Grundprinzipien auseinander zu setzen und diese nachhaltig erlebbar zu machen. Erst wenn es gelingt, sich mit der Ethik und ihren Prinzipien konstruktiv auseinander zu setzen, wächst die moralische Qualität eines Unternehmens und wird zum bestimmenden Erfolgsfaktor auch im internationalen Wettbewerb.

Der Ruf nach dem Staat ist nicht die geeignete Antwort auf die Zeitfragen der Ethik. Die wirtschaftliche Rahmenordnung muss freilich ethisch ausgerichtet sein, aber die Bereitschaft zur Übernahme von mehr Verantwortung in und für die Gesellschaft, also die ethischen Spielregeln innerhalb der Rahmenordnung, müssen von der Wirtschaft selbst ausgehen.

Sie muss im Rahmen der Gesetze, der erlassenen Verordnungen und der staatlichen Satzungen Spielzüge finden, die einen ethischen Ablauf sicherstellen und den ethischen Umgang miteinander nachvollziehbar festlegen. Dies hat nichts mit Selbstregulierung neoliberaler Prägung zu tun, sondern damit, dass allen „Spielteilnehmern" klar ist, dass ethisches Führungsverhalten, unternehmerische Kultur, moralisches Denken eine Einheit bilden und die gesellschaftliche Reputation der Unternehmen prägen und damit den „return on ethics" für ihr Unternehmen positiv gestalten. In der ethischen Selbstbindung findet jedes Unternehmen sein eigenes Maß an Freiheit und Solidarität und damit die Mitte für ein Gleichgewicht zwischen Moral und Markt und zwischen Ethik und Ökonomie. So gesehen, ist Ethik immer etwas Polares, nie etwas Lineares, das in der Preisgabe des einen den Zuwachs des anderen möglich macht.

Der Urvater wirtschaftsklassischen Gedankenguts hat in seinen berühmten Büchern Wohlstand der Nationen, Theorie der ethischen Gefühle, Theorie der unsichtbaren Hand (A. Smith) bereits ansatzweise erkannt, dass Märkte und Moral zusammen gehören, auch wenn er hiermit bei seinen Zeitgenossen und späteren Epigonen mehr Spott als Anerkennung erfahren hat. Die Industrie-Liberalen späterer Generationen hielten nicht viel von Ethik und wandten sich mehr der Brechtschen Version zu, dass erst das Fressen kommt und dann die Moral. Wer nämlich einen vollen Bauch hat, wird wenig Lust verspüren, sich um Moral zu kümmern (plenus venter non studet libenter).

Hier schließt sich der magische Kreis irdischen Wirtschaftsgebarens. Adam Smith hat zu seiner Zeit naturgemäß nicht erkennen können, was die Fügungen der „invisible hand" an ethischen Leistungen zu erreichen vermochten, insbesondere wie soziale und gesellschaftliche Katastrophen einzuschätzen und abzuwehren sind.

Mit seinem Credo: das größte Glück der größten Zahl, wurde eben den Schwachen nicht gedacht und den Bedürftigen nicht geholfen.

Hier bewegt sich Smith durchaus noch in der Gesellschaft derer, die ihren unternehmerischen Erfolg nur aus den Daten ihrer Bilanzen und den Zahlen ihrer Gewinn- und Verlustrechnungen ableiten. Sinngebung, Arbeitsfreude, Lebensbejahung, Freizeitoptionen, Spaß, Kundenzufriedenheit, Mitarbeitermotivation, Leistungsbereitschaft, gesellschaftliche Reputation, kulturelle Präsentation sind mindestens genau so wichtige Werte, die von grundlegender Bedeutung für das Unternehmenswachstum und die erfolgreiche Performance der unternehmerischen Wertschöpfung sind. Der Ertrag eines Unternehmens hat eben viele Väter, auch wenn die Vaterschaft die „belle etage" meist nur für sich reklamiert.

Es ist auch nicht in Ordnung, wenn in Ehren ergraute Vorstandsmitglieder, nach ihrem Managerdasein auf den gepolsterten Sesseln hochdotierter Aufsichtsratsposten Platz nehmen, und dort ihre Kehrtwendung vom Saulus zum Paulus zelebrieren. Ihr Umschwung zur Ethik klingt dann genau so unglaubwürdig, wie sie diese vordem in ihrem unternehmerischen Verhalten als Gestaltungsprinzip vernachlässigt oder sogar bewusst abgelehnt haben.

Die einseitige Ausrichtung zur reinen Lehre des Shareholder Value hat offenbar die Suche nach Werten jenseits des Gewinnstrebens angefacht, um die Fehler einer kurzsichtigen und kurzfristigen Orientierung zu beseitigen. Die Wirtschaft kann nur dem Wohlstand der Menschen dienen und nicht umgekehrt. Solange aber ethische Werte nicht vorgelebt werden, bewegt sich die Ethikdebatte im Modetrend, und ihr wird dabei mehr Schaden zugefügt als Heil von ihr erhofft. Sie verblasst zur bloßen Imagewerbung für Konzernchefs. Gleichwohl bleibt der Ruf nach Ethik ein menschliches Grundbedürfnis und große Teile der Bevölkerung achten inzwischen auf Produkte, die sie für ethisch einwandfrei halten. Damit haben Unternehmen und zum Teil ganze Branchen immer häufiger Absatzprobleme, wenn sie in dem Ruf stehen, unethische Produkte herzustellen. Solange aber den aufgestellten ethischen Leitbildern keine entsprechende Verhaltensweisen folgen, solange können auch ethische Wertvorgaben keine Wirkung entfalten und sich im wirtschaftlichen Alltag bewähren. Die Sorge, der moralische Anspruch an die Wirtschaft könnte zu weit gehen, weil die Sprach- und Verhaltensregelung über die Ethical Correctness zu eng gefasst werden könnte, ist nur jener Klientel freisinniger Wirtschaftsliberaler zuzuschreiben, die bei jeder Form von Selbstbindung Marktterror vermuten.

Der bislang ungeübte Umgang mit ethischen Fragen in den Führungsetagen unserer Wirtschaft verhinderte, dass sich moralisches Verhalten entfalten konnte. Hierzu müssen die Strukturen für ein selbständiges und auf moralische Werte aufbauendes Handeln im eigenen Verantwortungsbereich möglich gemacht werden. Die Organisation muss den ganzen Menschen, nicht nur den Rollenträger zur Geltung bringen, der mechanisch Anweisungen ausführt, und es muss bei den Mitarbeitern die Fähigkeit geschaffen werden, sich durch gegenseitige Kritik und gegenseitiges Lob auch in ihrer ethischen Verantwortung moralisch weiter zu entwickeln. Dazu bedarf es einer offenen argumentationsfördernden Unternehmenskultur (Braun).

Neben den historischen Versäumnissen spielen aber auch Unkenntnis, Unwissenheit und Unsicherheit eine große Rolle, die es zu überwinden gilt. Der einseitige Glaube an die technischen Errungenschaften und die Machbarkeiten der Technologie begünstigte ausschließlich das wirtschaftliche Denken und erlaubte keinen Freiraum für ethische Positionen. Nicht einmal die Vorteile des Wissensmanagement werden bis heute ausreichend genutzt, obgleich es oft nur geringer Mühe bedarf, die Vorteile dieser Erkenntnisse in einem Unternehmen zu nutzen. Um wie viel schwieriger wird es sein, ethische Positionen als elementaren „Produktionsfaktor" zu identifizieren und unternehmensintern nutzbar zu machen. In den Köpfen der Entscheidungsträger muss zuerst die Bereitschaft für eine moralische Qualität vorhanden sein, andernfalls fehlt dem Management die soziale Kompetenz und das Vertrauen in seine Führungsverantwortung. Existenzängste mit allen negativen Auswüchsen werden zudem geschürt, und dies nur aus Unsicherheit und nicht aus Überzeugung. Was folgt, ist ein genereller Akzeptanzverlust mit der Gefahr, dass die in demokratischen Systemen unentbehrliche Integrationsfunktion des Common Sense verloren geht. Noch nie hat eine Zivilisationsgemeinschaft lebenserfahrungsgemäß ihre Lebensbedingungen weniger verstanden als unsere eigene (Lübbe).

Wissen ist Macht. Vor allem für solche, die ihr Wissen über elektronische Infrastrukturen und Informationen einholen, über die andere nicht verfügen. Dies macht die Umsetzung des Wissens- und des Ethikmanagements so schwierig und schafft bei denen Misstrauen, die auf Verlässlichkeit bauen. Sie überlassen das wichtigste in ihrem Leben, nämlich die ethische Frage nach ihrer eigenen Glückseligkeit, interessanterweise anderen Menschen, d. h. jenen, die vorgeben, für sie verantwortlich zu sein und das richtige Urteilsvermögen im Sinne des oben erwähnten Common Sense zu haben. Sie geben, mit anderen Worten, ihre individuelle ethische Ausrichtung an die weiter, denen sie ihre eigene Verantwortung und damit ihr Lebensglück freiwillig überlassen, denen sie Entscheidungskompetenzen zutrauen und letztlich ihr multidimensionales Vertrauensspektrum (Milberg) übertragen.

Und dies ist der entscheidende Punkt. Den meisten Chefs fehlt die Bereitschaft zur Übernahme ethischer Verantwortung, weil Ihnen die Basis für das Wissen fehlt und sie daher entsprechend unsicher wirken.

Vielen Führungskräften bedeutet Fairness im Wettbewerb gerade soviel, dass sie ohne Rücksicht auf Verluste ihre kurzfristigen Vorteile im Auge haben und die langfristigen Folgen dabei ausklammern. Die Ethik entscheidet letztlich darüber, ob der Klammerausdruck unseres Wirtschaftens und damit die Fragen unserer Glaubwürdigkeit, des Anstandes und der Ehrlichkeit ein positives Vorzeichen erhält oder ein negatives Vorzeichen.

Im Einzelfall könnte nachfolgender Check helfen, sich die richtigen Fragen bei schwierigen Entscheidungen zu stellen:

> Ist das, was wir tun, legal?
> Fühlen wir uns vor unserem Gewissen wohl dabei?
> Ist unser Handeln fair und anständig?
> Verstehen unsere Mitarbeiter unsere Entscheidungen und stimmen sie ihnen innerlich zu?
> Handeln wir nach den Vorgaben unserer Leitwerte und Normen?
> Würden andere genauso uns gegenüber verfahren?
> Kann ich mit meiner Vorgehensweise problemlos an die Öffentlichkeit treten?
> Wird durch mein Handeln der Reputationswert meines Unternehmens erhöht?
> Wie reagieren die Medien, der Staat, die Kirche, die Justiz u. a. auf mein Verhalten?

Mit diesem Integritäts-Quick-Test (KPMG) könnte eine Entscheidungsgrundlage für ethisches Verhalten gefunden werden, das fehlendes Vertrauen als Teil der eingeforderten Selbstverpflichtung zurück zu gewinnen hilft.

Er ist sicherlich nur ein Anfang auf dem Weg, moralische Kompetenz mit wirtschaftlicher Kompetenz zu verbinden und beide als bestimmende Erfolgsfaktoren für ein Unternehmen anzuerkennen.

Die Arbeitswelt verlangt in Zukunft beides: Die Führungsebene, die nach diesen Prinzipien verfährt und die Auswirkungen ökonomischer Rationalität und deren Folgen auf

Mitmenschen und Gesellschaft bedenkt und des Nachwuchses, der beides schließlich uneingeschränkt verbindet.

Wirtschaft ist ein existenzsichernder Teil unseres gesellschaftlichen Lebens. Ebenso sind aber auch Integrität, Fairness und Anstand moralische Komponenten, die die tragfähigen Strukturen unseres Wirtschaftsverhalten auf Dauer prägen. Wenn irgendetwas von den wirtschaftlichen und ethischen Merkmalen preisgegeben wird, droht der wirtschaftliche Verfall und damit der gesellschaftliche Konkurs. Beispiele hierfür gibt es genug.

Die persönliche Verantwortlichkeit als Voraussetzung für die Befähigung zur Verantwortungsübernahme ermöglicht die Verantwortbarkeit unseres Handelns. Asymmetrien, wie „moral hazards", „holds up" und andere, haben dann keine Chance, sich zum Nachteil der Vertragspartner weiterzuentwickeln und dem Wirtschaftsleben ein falsches Maß und eine instabile Mitte zu geben.

Begreifen wir doch endlich, dass auch das Anständige ehrenhaft sein kann und zum Nutzen aller dient und nicht umgekehrt, dass nur das Nützliche ehrenhaft ist.

DIE GROSSE UND DIE KLEINE PRAXIS UNREFLEKTIERTER WÄHRUNGSKULTUR

Mit Einführung des Euros zu Beginn des Jahres 2002 jubelten alle, Politiker ließen sich feiern, die Menschen tanzten und klatschten dem neuen Zahlungsmittel Beifall. Stundenlang standen viele an den Wechselstuben Schlange, bis sie das neue Geld ehrfurchtsvoll in ihren Händen hielten. Einige schüttelten mit den Köpfen wegen der schlechten Unterscheidungsmerkmale, andere glaubten sich an die neuen Münzen und Scheine schnell zu gewöhnen, wiederum andere hielten das Ganze für einen Feierabendscherz und meinten nur lapidar: öfter mal was Neues.

Die neue Währung als Volksevent. Neben bloßer Neugier gesellte sich zu Beginn auch noch der sportliche Ehrgeiz, zu den Ersten zu gehören und sich als gute Europäer zu erweisen.

Nachdenklichkeiten über 50 Jahre erfolgreicher Geschichte der eigenen, nationalen, die Leistungen der Bundesrepublik reflektierenden Währung, der deutschen Mark, jener Währung, die in allen supranationalen Wechselkursabkommen so hervorragende Positionen eingenommen hatte, waren fehl am Platze. Die D-Mark, in deren internationale Wertschätzung sich Stärke und Schwäche wiederspiegelten, die die konjunkturellen Auf- und Niedergänge in unterschiedlichem Maße verkraftet hatte und die sich schließlich zur zweitstärksten Reservewährung dieser Welt entwickelte, war von einer Stunde zur anderen nicht mehr gefragt. Die D-Mark war tot, es lebe der Euro. Eine Retortenwährung, der die Inzidenz zur eigenen Schaffenskraft, zum eigenen nationalen Bruttoinlandsprodukt fehlt und deren Gestaltungsinstrumente weiteren elf Nationen zur Pflege und zum Wohl der neuen gemeinsamen Währung überlassen wurde. Der nationale Umsetzungsgrad geld- und währungspolitischer Entscheidungen und Notwendigkeiten zur Erhaltung der Preisstabilität der neuen Währung geht nun einen anderen, längeren Weg mit unterschiedlichen Ansprüchen, Einschätzungen und Dringlichkeiten.

Die geldpolitische Unabhängigkeit der Deutschen Bundesbank war jahrzehntelang der sicherste Garant für ein inflationsfreies Wirtschaftswachstum und der Preisstabilität in unserem Land. Die Hoffnungen der alten und neuen Währungshüter setzen freilich darauf, dass sich dies auch in Zukunft nicht ändern wird. Die EZB als neue Gralshüterin des Euros – so steht zu hoffen – wird den Stabilitätsgaranten der Bundesbank nicht nachstehen und ebenso für einen sicheren und stabilen Euro sorgen.

Aber dies ist natürlich nur eine vage Hoffnung, weil die einzelnen Finanzpolitiken noch alle ihrem eigenen, nationalen Gusto folgen. Es gibt noch keine einheitliche europäische Finanz- und Wirtschaftspolitik und daher werden die geld- und währungspolitischen Entscheidungen von den individuellen länderbezogenen Wünschen zwangsläufig mitgetragen. Dies macht den Konsens nicht leichter, insbesondere gegenüber der zentral agierenden Notenbank Europas. Dem gemeinsamen währungspolitischen Unterbau ist der finanz- und wirtschaftspolitische Oberbau bislang nicht gefolgt, und es ist noch lange nicht abzusehen, wann sich dies ändern wird und die EZB nicht mehr mit divergierenden finanz-, steuer-, konjunktur- und wachstumspolitischen Einzelinteressen der Mitgliedsländer kämpfen muss. Dies macht ihre Arbeit nicht leichter und schadet tendenziell der Währungsstabilität mehr, als dass sie ihr nützt.

Die währungspolitische Einigung auf der Basis des Euros ist eine beachtliche politische Vorgabe auf dem Weg zu einem geeinten Europa. Jede nunmehr eintretende zeitliche Verschleppung und Verzögerung zur europäischen Einheit bedeutet für den Euro zugleich zusätzliche Belastung. Es stellt sich dann die Gretchenfrage, ob unter den Insignien europäischer Nationalismen eine europäische Einheitswährung überhaupt sinnvoll war, die, bis auf die wenigen unumstrittenen Vorteile, den Verzicht auf die eigenen Eingriffswirkungen ausgelöst und sie anderen mitüberantwortet hat.

Die Währungspolitik Europas untersteht – ob wir wollen oder nicht – dem Primat der Politik und der Politiker. Dies erfordert eine andere europäische Notenbankqualität, die mit derjenigen der Bundesbank nicht ohne weiteres vergleichbar ist. Die EZB hat in den zwölf Mitgliedsländern des Euros jeweils ihre institutionellen Ansprechpartner. Die damit verbundene Zuordnung unterschiedlicher Interessen und deren politische Verantwortung in den nationalen Bereichen birgt die Gefahr der Verwässerung durch die filialen Finanz- und Wirtschaftspolitiken. Darüber wird sich niemand grämen, solange die politische Einflussnahme auf die geldpolitischen Entscheidungen gesichert ist und der politische Zugriff auf das währungspolitische Geschehen institutionell verankert ist.

Die Ankündigungen aller Regierungen, niemand müsse sich um die Stabilität des Euros Sorgen machen, weist eindeutig auf die politische Dominanz der Geld- und Währungspolitik hin. Diese Vorhersage, mehr als Beruhigung denn als vage Befürchtung der Bürger gedacht, kann nur als Absichtserklärung für die Aufrechterhaltung der inneren und äußeren Stabilität des Euro gedeutet werden.

Die Laxheit, mit der gegenwärtig die Stabilitätskriterien eingefordert werden, die seinerzeit erst das Öffnen des Tores zur gemeinsamen Währung ermöglicht hatten, lässt auf Dauer Schlimmes ahnen. Jedes Land, das abweicht vom Pfad der selbstgewählten Tugend bezüglich der Erfüllung aller Stabilitätskriterien, muss die Folgen der Instabilität mitverantworten. Aber keinem Bürger des neuen Währungsgebildes ist zumutbar, dass er seinen persönlich erarbeiteten Wohlstand aufgeben muss, wenn zu seinen Lasten in anderen Ländern der Euro-Gemeinschaft nicht die gleichen Anstrengungen für stabile Verhältnisse unternommen werden.

Regierungen wechseln und damit die politisch Verantwortlichen, der Euro aber bleibt. Wenn Europa Zukunft haben soll, dann muss es sich einer Währungskultur öffnen, die es nachfolgenden Generationen ermöglicht, sich mit dem Euro zu identifizieren, ihm volles Vertrauen zu schenken, damit er stabil bleibt und die wirtschaftliche Dynamik im Kalkül inländischer und ausländischer Anleger reflektiert. Erst dann wird der Euro die gleiche internationale Anerkennung finden, wie sie die D-Mark zuvor innehatte.

Inflationsgefahren zu bekämpfen und Preisverfall zu vermeiden, müssen für alle Länder gleichermaßen oberstes Stabilitätsgebot sein und diesem Ziel verpflichtet sein, um in der Kontinuität stabilitätsbewusster Bundesbankpolitik fortzufahren. Insofern wäre eine dominantere Rolle der Bundesbank im Konzert der übrigen Notenbanken wünschenswert gewesen, die sich vor allem in der hohen fachlichen, wie auch in der moralischen Kompetenz niedergeschlagen hätte.

Die besondere Sensibilität, die der D-Mark und ihrer Wertstabilität entgegen gebracht wurde, und die nicht zuletzt durch die schlechten Erfahrungen und unsozialen Auswirkungen vergangener Hyperinflationen mit totalem Geldwertverfall herrührt, hat dazu geführt, dass dem Stabilitätsvorrang der D-Mark stets die gebotene Beachtung und erforderliche Stringenz bei der monetären Zielsetzung zur Vermeidung inflationärer Gefahren geschenkt wurden. Und dies unisono von allen, die bei der Bundesbank in der geldpolitischen Verantwortung standen. Es wäre daher wünschenswert, wenn sich die Bundesbank bei drohenden Aufweichungstendenzen entsprechendes Gehör verschafft, und die Geldpolitik nicht als Instrument kurzfristiger Konjunktur- und Arbeitsmarktpolitik missbrauchen lässt, wie diesbezügliche Vorstöße bereits unternommen wurden.

An Spott mangelt es jedenfalls nicht. So hat die Türkei dem Euro den Spitznamen Yumos verpasst, der soviel wie „Weichei" bedeutet. Und bezeichnend ist auch, dass die umtauschbedingte Unsicherheit mit der neuen Währung zeitgleich mit entsprechenden Preisanpassungen quittiert wurden. Die Deutsche Bahn erhöhte sogleich ihre Tarife im Fernverkehr im Schnitt um 3,8%, der Einzelhandel nutzte die psychologischen Preisirritationen z.T. mit enormen Preiserhöhungen, insbesondere im Nahrungsmittelbereich, und ganz Dreiste wechselten einfach die Währungsangabe aus, statt D-Mark Euro, um gleich mit einem Preishammer von fast 100% zuzuschlagen.

Da lobe ich mir die Zurückhaltung der Bundesregierung, die das neue Währungszeitalter nur mit einigen Steuererhöhungen (Ökosteuer, Versicherungssteuer etc.) einläutete, gerade passend zu der rückläufigen Wirtschaftsentwicklung mit ihrem unausgelasteten Produktionspotenzial, der hohen Arbeitslosigkeit und dem niedrigen Wirtschaftswachstum. Die offiziellen Verlautbarungen aber lauten: Die Preiserhöhungen sind im Rahmen geblieben, die Inflationsrate liegt weiterhin unter 3%, Banken und Industrie haben den Wechsel gut verkraftet. Es kann nur noch besser werden.

Egal was Türken, Amerikaner, Engländer oder Schweizer über den Euro denken, entscheidend ist, wie die Währungshüter mit dem neuen Geld umgehen und wie sie Vertrauen in die neue Währung schaffen. Dann wird sie rasch, nicht zuletzt durch ihre dazu gewonnene Wirtschaftskraft wieder zum Stabilitätsanker für alle Währungen werden, die sich vielleicht jetzt noch über ihre Unabhängigkeit freuen. Dies kann allerdings bei späterem Hinzustoßen durchaus ein teures Unterfangen werden, wenn nämlich der Euro durch entsprechende Aufwertung an Stärke gewonnen hat. Die auf inflationsfreies Wachstum ausgerichtete Geldpolitik darf auch nur soviel monetäre Spielräume zulassen, wie der Geldmantel für alle passt, indem er die realwirtschaftlichen Produktionsergebnisse inflationsfrei finanziert und keine freien Preisüberwälzungsspielräume ermöglicht. Die mangelnde Reversibilität zwingt alle zur Vorsicht, auch die, die glauben, den Pfad der Stabilität verlassen zu können.

Dieser stabilitätspolitischen Makrosorge um den Euro schließen sich naturgemäß die vielen kleinen Mikrosorgen in den Niederungen der Tagesgeschäfte an. Abgesehen von den erwähnten flächendeckenden Preiszuschlägen mit der Euroeinführung hatten sich auch anderweitig die Gemüter erhitzt. Einige Kreditinstitute nutzten in den vom europäischen Gedanken noch weit entfernten Regionen mitten im Herzen Europas den Währungswechsel noch schnell zum Absahnen aus. Auf dem Trittbrett der Europhorie, hielten es einige Geldhäuser für angemessen, den einen oder anderen Provisionsertrag rasch mitzunehmen. Personelle Ressourcen wurden erst gar nicht ausgeschöpft und längere Öffnungszeiten oder zusätzliche Schalterstunden wurden den Mitarbeitern nicht zugemutet. Die seit langem bekannten Engpässe in der Geldversorgung wurden verkannt oder ignoriert oder zu Lasten der Bevölkerung ausgesessen. Nicht selten übernahm der Einzelhandel selbst die versäumten Bankverpflichtungen und sprang für die dilettantisch organisierten Wechselgeschäfte der Banken in die Bresche. Wer so die Einführung des Euros als Geschäftsleiter einer Bank begleitet hatte, hat seinen Anspruch auf Eignung im Sinne des KWG verwirkt.

Leider unterliegen solche Pflichtversäumnisse nicht der Überwachung durch das Bundesaufsichtsamt. Dies vor allem, wenn die Bankvorstände nicht willens und fähig sind, auf berechtigte Kritik von Kunden und Nichtkunden einzugehen und lieber ihre Stellvertreter in der dritten Ebene bemühen. Die mangelnde Verantwortung für derlei Ungemach ärgert nicht nur die ortsansässige Bevölkerung. Sie ist dann umso unverzeihlicher, wenn es sich ausgerechnet noch um öffentlichrechtliche Institute handelt, deren gesetzlicher Auftrag es ja gerade ist, die Geldversorgung – im wahrsten Sinne des Wortes – sicherzustellen. Abweichungen hiervon sind klare Gesetzesverstöße und Missachtungen des gesetzlichen Auftrages. Genossenschaftlich organisierte Institute oder private Banken haben offenbar mehr Gespür dafür entwickelt, wie sie sich den besonderen Herausforderungen dieser historischen Stunde zu stellen haben und welche marktmäßigen Notwendigkeiten dafür zu erbringen sind. Ihre Kunden und solche, die es werden wollen, haben es ihnen jedenfalls gedankt.

Schlimmer indes ist, dass auch noch ausgerechnet öffentliche Kassen hingehen, um aus der Umtauschaktion Profit zu schlagen; so geschehen in ländlicher Region unserer Breitengrade. Abgesehen davon, dass viele Bankschalter geschlossen blieben, die unter normalen Umständen geöffnet wären und damit viele Mitbürger ergebnislos warten ließen, nutzten manche Institute die Gunst der Stunde für das schnelle Geld. Für den Zwangsumtausch von einem gesetzlichen Zahlungsmittel in das andere gesetzliche Zahlungsmittel erhoben die öffentlichrechtlichen Geldwechsler – entgegen ihrem gesetzlichen Auftrag – zusätzlich eine Gebühr für den Zwangsumtausch.

Jeder abgezockte Kunde war sichtlich verärgert über diese Maut an den Schaltern der Kassen zur Einfahrt in das Währungsgebiet des Euros. Die Einlassungsgebühr betrug immerhin 5 Cent für die D-Mark-Ausfahrt und 20 Cent für die Euro-Einfahrt, jeweils als Buchung auf dem eigenen oder als Abbuchung vom eigenen Konto. Nichtkunden wurden überdies vom Umtausch ausgeschlossen und die Einfahrt verwehrt.

Im Mittelalter hatten die lombardischen Wechselstuben ein ähnliches Verfahren gekannt, indem sie den Geldwechslern für das depositum regulare in ihren Cambios Zinsen auferlegten, die damals nichts anderes waren als Umtauschgebühren für Finanzmittel, die sie für ihre Geschäftstätigkeit benötigten. Dies war nicht zuletzt der Grund, weshalb die Scholastiker solche Geschäfte verpönten, und diese Geschäftsfelder den oberitalienischen Juden überließen. Offenbar reizt es aber immer noch Banker – gleich welcher Provenienz – ihrem Verlangen nach „Wechselgeld" das erforderliche Futter zu geben.

Reisende, Feriengäste, Urlauber, Besucher oder nur Tauschwillige wurden mit dem Bemerken abgespeist, dass der mit dem Umtausch verbundene Aufwand für andere Institute gefälligst auch von denen zu übernehmen sei. Denn schließlich könne man mit den eigenen Filialen nicht die Kosten der filiallosen Mitbewerber mit übernehmen. Die Engstirnigkeit solchen Denkens kopuliert mit der Engherzigkeit. Wer reist schon eigens dazu an, einer öffentlichen Bank andernorts durch Wechselabsichten Schaden zuzufügen?

Dass aber möglicherweise eigene Bankkunden, bei gleicher geschäftspolitischer Einstellung ebenfalls andernorts, ähnlich brüskiert werden könnten, interessiert die Bankstrategen nicht; augenscheinlich auch nicht, dass sie ihrer eigenen Organisation schweren Imageschaden zugefügt und vielen Besuchern ihren Ausflug – nicht nur in die Bank – verleidet haben.

Die umwegsrentablen Schäden durch das Bankverhalten stehen jedenfalls in keinem Verhältnis zu ihren umtauschbedingten Vorteilen der abkassierten Silberlinge, allerdings mit dem Unterschied, dass der Schaden bekanntermaßen von der Allgemeinheit zu tragen ist, während der Ertrag in die eigene Schatulle wandert. Europa, unser Ziel, ist für uns doch noch weit entfernt, obwohl wir mitten drin wohnen.

Die bankseitigen Verfehlungen desavouieren einen ganzen Berufsstand, der ohnehin Probleme mit seiner ethischen Reputation hat. Die Konsequenzen einer falsch angelegten Geschäftspolitik müssen freilich auch organisationsübergreifende Einrichtungen mittragen und nur ihre Solidarität hilft, begangene Fehler zu beheben. Vielleicht ist die Strategie dieser Abzocker doch nicht so schlecht, wenn sie von vornherein die ethische Abfederung durch andere mit in ihr Geschäftskalkül einbeziehen und die ausgleichende Balance durch andere Marktteilnehmer erhoffen.

Am Ende haben die Minieuropäer in den örtlichen Geldhäusern und die Makroeuropäer in den supranationalen Einrichtungen eines gemeinsam, sie müssen sich mit neuen Denkstrukturen anfreunden, und sich dem Geist einer veränderten Währungskultur öffnen. Sie müssen gleichermaßen die Chance nutzen, aus der Verstrickung tradierter Denkhaltungen heraus in neue Dimensionen vorzudringen. Dies gelingt freilich nicht in wenigen Jahren und auch nicht ohne eigene Mühen. Aber das Bemühen muss erkennbar werden, dies auch zu wollen und in die Tat umzusetzen.

Die Mitgestaltung der Geschichte ist eine große Herausforderung, nicht minder die Gestaltung der Währungsgeschichte. Lassen wir ihren Hauch nicht ungenutzt verstreichen, sondern mit dazu beitragen, dass es eine erfolgreiche Geschichte wird zum Wohle der gesamten Bevölkerung. Das schafft Perspektive für die Zukunft. Beginnen wir bei uns selbst damit, den kulturellen Umgang mit der neuen Währung zu pflegen. Dann ist auch die positive Reflexion unserer neuen Währungskultur im Bewusstsein Europas und der ganzen Welt nur eine Frage der Zeit.

WELTFREMD, PRAXISFERN UND BÜRGERFEINDLICH

Öffentliche Verwaltungen im Bund, in den Ländern, den Kreisen, Städten, Verbands- und Ortsgemeinden sind dazu da, weltzugewandt, praxisnah und bürgerfreundlich ihre Arbeit zu verrichten. Der Gesetzgeber mit zum Teil archaischen Gesetzen muss allerdings auch hierzu die Voraussetzungen schaffen.

Die Turbulenzen öffentlichen Verwaltungswirrwarrs nehmen indes nicht ab, weil falsche Signale und Prioritäten gesetzt werden. Da werden teure und vollmundig angekündigte Planungsvorhaben leichtfertig in den Sand gesetzt und im gleichen Atemzug neue Anläufe angekündigt, die ohne eine persönliche Verantwortungszuordnung einfach zu Lasten der Steuerzahler und meist nur zur eigenen Profilierung aufgelegt werden. Zukunftspolitik im Kleid blinder Aktionismen, als Modell zwar hübsch anzusehen, aber nicht für den Normalgebrauch tragbar. Wer trägt schon Kleider, die nur auf dem Laufsteg medienwirksam präsentiert werden, nicht aber für den Hausgebrauch bestimmt sind. Kleider sind Gebrauchsartikel und Zukunftspolitik muss realistisch sein, auch wenn Minister, Staatssekretäre und Ministeriale dies von ihren Aktionen wortreich behaupten. Den Beweis indes bleiben sie meist schuldig.

Auf Allgemeinplätzen lockt man niemand zum langen Verweilen. Was heißt schon „Wir entwickeln Zukunft" oder „Informations- und Kommunikationstechnologien werden unseren Alltag beeinflussen" oder „das Internet und Multimedia finden immer mehr Eingang in Ausbildung, Beruf und Privatleben". Dies klingt eher wie eine Drohbotschaft, weil oftmals eine Trennung von Berufsleben und Privatleben kaum noch zulässig ist. Werden nicht inzwischen alle Bereiche menschlichen Daseins von den neuen Technologien beherrscht?

Regierungen und Verwaltungen, die sich auf solcherlei Plattitüden verständigen, locken mit teuren Veranstaltungen, fern der Basis, in medialen Tempeln allenfalls nur eigenes Klientel, aber nicht die, die es angeht. Die Investoren als die Motoren der Gesellschaft, von denen auch Verwaltungen leben, entnehmen ihr Wissen lieber aus den Zapfsäulen politik- und verwaltungsfreier Selbstüberschätzung; es sei denn, der Sprit fließt in Form öffentlicher Subventionen oder anderer Zuwendungen, für die nicht mehr als bloße Absichtserklärungen erforderlich sind.

Auf solchen Marktplätzen ist viel von Profit die Rede. Wer profitiert, wann und wo, zu welchen Lasten? Oder gewinnen alle, die dabei sind, und nur die Verlierer bleiben zu Hause? Die Interessen der Wirtschaft und die der öffentlichen Verwaltung sind noch weit voneinander entfernt. Häufig sprechen ihre Vertreter nicht die gleiche Sprache und sie wird erst dann für alle verständlich, wenn auch das angewandte Vokabular verständlicher wird. Dies gelingt nur dann, wenn „Dolmetscher" für eine allseitige „Verständigung" sorgen.

Zwar ist bei allen ministerialen und untergeordneten Verwaltungsanstrengungen von Unterstützung, Bürgerservice, Qualifizierungsoffensiven u. ä. die Rede, am Ende aber bleibt der Katzenjammer fehlgeschlagener Wissenstransaktionen. Wissen zu transferieren, ist wichtig, Vertrauen zu gewinnen, wichtiger. Wäre es nicht vielleicht ratsamer, eine Vertrauenskampagne zu starten, die es dem Bürger und auch der Wirtschaft weitgehend selbst überlässt, ihre eigenen Transaktionsmotive auszuwählen und als öffentliche Einrichtungen sich auf die verwaltungsseitige Begleitung zu beschränken?

Vordenker sind noch nie aus der Verwaltung gekommen, allenfalls Mitdenker, die (selten genug) eigenes wirtschaftliches

Denken generieren und dieses (oft genug) auch gegen die Fallstricke gesetzesfremder Vorgaben oder Widerstände in den eigenen Reihen umsetzen. Die Verweildauer ist ohnehin sehr kurz, weil das Nachdenken über Mitdenker in der Verwaltung stets zu negativen Reaktionen führt bis hin zu täglichem Mobbing und Karriereknick.

Der Zeitgeist indes spricht nach wie vor gegen modernes Verwaltungshandeln und deren Entscheidungsträger. Zuviel Glaubwürdigkeit durch eine Unzahl von Affären wurde verspielt, als dass man den Bürgern und der Wirtschaft den Weg vorgeben könnte, in welche Richtung die Zukunft weist. Viele vergebliche Anläufe – auch wohlgemeinte – haben mutlos gemacht, weil die praktische Umsetzung durch die damit beauftragten Behörden ins Nichts liefen und nur unnötige Ressourcen gebunden und Kosten verursacht haben. Viele Verwaltungen bis hin zu den Hochschulen haben die Zeichen der Zeit nur unzureichend erkannt.

Sie halten noch an „Fahrplänen" fest, die längst nicht mehr dem Tempo der Zeit gerecht werden und an Bahnhöfen noch anhalten, die nicht einmal zu nostalgischen Erinnerungen taugen. Ob E-Business-Experten, IT-Verantwortliche aus den Industrie- und Dienstleistungsbereichen, ob Vertreter der Hochschul- und Forschungseinrichtungen oder Abordnungen von Länder- und Kommunalbehörden oder Delegierte von Kammern oder sonstigen Interessenverbänden, sie alle haben auf diesen regionalen Marktplätzen nur eines im Sinn: Wie können sie im eigenen Namen und auf fremde Rechnung einen angemessenen Teil des finanziellen Segens absorbieren, ohne nennenswerte Vorleistungen zu erbringen. Am Ende verlieren sich sowieso die verschlungenen Subventionswege im Gestrüpp der Vergesslichkeit, vor allem dann, wenn es wieder um neue populistische und wahlwirksame Aktionen geht.

Die öffentliche Verwaltung sollte eine selbständige, von der Politik nicht notwendigerweise instrumentalisierte Gewalt zur Durchsetzung gesetzlicher Aufträge und zur Aufrechterhaltung des demokratischen Gemeinwesens sein. Dies bedeutet in erster Linie Dienerschaft für alle Bürger, und zwar ohne Ansehen von Person, Berufsstand, Stellung, Status oder Parteizugehörigkeit und nicht die Herrschaft über Bescheide, Stempel und Petschaften.

Hiervon ist die Verwaltungspraxis von heute jedoch weit entfernt.

Dies gilt insbesondere in den unteren Verwaltungszügen, wo die Bodenhaftung eigentlich noch höher sein sollte und die lokale Bereitschaft zur Unterstützung der Bürgerpetitionen ein Grundanliegen der Verwaltungsbehörden sein sollte. Ganz im Gegenteil. Nicht selten drängt sich der Eindruck auf, dass die örtliche Nähe zu den betroffenen Bürgern gerade der Grund für Ablehnung und Rechtsstreitigkeiten ist. Im Verwaltungsalltag spielen immer noch verwandtschaftliche Beziehungen, Freundschaften, Bekanntschaften, Nachbarschaften oder politische Seilschaften eine begünstigende Rolle und sind dementsprechend vorteilhafter als ein sachkundiger Vortrag zu einem berechtigten Anliegen.

Da werden Genehmigungen verschleppt oder Ablehnungen so terminiert, dass der Bescheid jeweils vor längeren Wochenenden, dem Beginn der Jahresferien oder sonstigen längeren Ausfallzeiten der zuständigen Sachbearbeiter eingeht, so dass ein zeitiges Gegensteuern bewusst unmöglich gemacht wird. Da werden Zuständigkeiten permanent hin und her geschoben, weil niemand verantwortlich ist oder die Verantwortung übernehmen will. Da werden unsinnige Nachforderungen gestellt, die gezielt Vorhaben verzögern. Da werden Baustopps verfügt, ohne dass konkrete Vorschläge zur alsbaldigen Abwendung unterbreitet werden. Beispiele verwaltungsseitiger Missgriffe und Verfehlungen wären vermutlich endlos, wenn man jeden Bürger über seine Erfahrungen befragen wollte.

Dies alles erweckt den Eindruck von falschem Dienstleistungsverständnis und Bürgerfeindlichkeit. Dem Bürger als Bittsteller wird am Ende nur dann geholfen, wenn dieser bereit ist, das Verwaltungshandeln konsequent einer rechtlichen Prüfung und Würdigung zu unterziehen.

Häufig machen sich Wut und Verzweiflung breit und nicht selten tritt das ein, wovon die Verwaltung träumt, dass der Initiator oder Investor von seinem Vorhaben gänzlich Abstand nimmt. Der persönliche Schaden des Einzelnen wird zum Fokus behördenseitiger Kreativität und so lange austariert, bis die Schmerzgrenze des Behördengängers überschritten ist. Auf diese Weise sind vielen Verbandsgemeinden wirtschaftliche Investitionen in nicht unbeachtlicher Höhe weggebrochen und damit Arbeitsplätze verloren gegangen, weil die abgewiesenen Unternehmen und Dienstleister sich anderen bürgerfreundlicheren Regionen zugewandt und dort ihre Zelte aufgeschlagen haben.

Ein unbedeutendes aber symptomatisches Beispiel möge das Erfahrene verdeutlichen: Auf einer mehrere Hektar großen Weidefläche für Islandpferde unterschiedlichen Alters, in abgelegener und wenig einsichtiger Ortsrandlage wurde nach langwierigem Genehmigungsverfahren und entsprechendem Zeitaufwand ein Pferdeunterstand zum Schutz der Tiere vor Sonneneinwirkung plangemäß errichtet. Die Bemessung war für drei bis vier Pferde vorgesehen. Im Laufe der Jahre gesellten sich weitere Pferde hinzu. Zur Erweiterung des Futterlagers musste notwendigerweise ein Anbau gesetzt werden, der in Fortsetzung des vorhandenen Unterstandes und im gleichen Baustil, alles in örtlichem Naturholz und landschaftlich hervorragend eingepasst, nur optisch diskreter als der bisherige Unterstand errichtet wurde. Das einseitige Verlängern des Unterstandes erforderte auskunftsgemäß nur eine nachträgliche Bauanzeige des neu geplanten Vorhabens.

Niemand hatte Anstoß an dem vorbildlich für die Pferde ausgestattetem Heulager genommen. Jedermann, der den Weg zu den Pferden fand, freute sich über das gelungene Ambiente.

Ortsgemeinde und zuständige Verbandsgemeinde waren sich indes darüber einig: Wer Pferde hält, muss büßen. Man schritt zur Tat und maß die neu erstellte Heufläche auf. Der Befund: die Vorratskammer für das Winterheu hatte einen unzulässigen Flächenüberhang von rd. 20 qm, verteilt auf sieben Pferde bedeutete das ein zu üppiges Heulager von rd. 3 qm pro Pferd. Die zuständige Landwirtschaftskammer reiste an und urteilte: ausreichend bemessen, tieradäquat und vorbildlich. Wer nun hoffte, dass damit Ruhe eingekehrt sei, sah sich getäuscht. Die Sachkompetenz der Behördeninsassen war noch nicht befriedigt. Erst im Falle der Aufstockung der Pferdefamilie um weitere drei, also auf insgesamt zehn Pferde, könne die Genehmigungsbehörde Nachsicht üben.

Dann könne die Bauverwaltung von den „unorganischen Siedlungsstrukturen", dem „Entstehen einer zusammenhanglosen unorganischen Streubebauung", von der „Gefahr einer Zersiedlung im Außenbereich", der „Beeinträchtigung der natürlichen Eigenart der Landschaft" oder der „nicht unmittelbar seinem Wesen und seiner Funktion entsprechenden Baulichkeit" absehen. Da diese Mängel alle mit der Erweiterung des vorhandenen Unterstandes gegeben wären, liege zwangsläufig eine Beeinträchtigung infolge „Baukonzentration", „zusammenhangloser Verteilung über das vertretbare Maß" im Außenbereich vor, das dem „Erfordernis einer organischen Siedlungsstruktur" widerspricht. Damit wurden die vorhandenen Islandpferde und ihr Heulager als non grata abgestempelt, selbst wenn die beweidete Fläche sonst veröden würde. Dies alles wäre heilbar, wenn nur der Bestand um weitere drei Pferde sich erhöhen würde. Dann wären auch die Gedanken zum Tierschutz, zu denen sich selbst das Bundesverwaltungsgericht einschlägig geäußert hat, plötzlich obsolet. Dieser hatte sich – allerdings in völlig anderem Zusammenhang – zur artgerechten Tierhaltung bei Reitpferden geäußert und Bewegungsmöglichkeiten durch entsprechenden Weidegang gefordert.

Es ist nur gut, dass die Amtsschimmel weder Weide noch Wasser benötigen und auch keinen Unterstand gegen Sonneneinwirkung oder trockene Traufen für tiergerechte Nahrung brauchen. Für sie reichen Büros, Jalousien und Kantinen. Sonst könnte es tatsächlich noch passieren, dass die zuständigen Behörden auch dieser Tiergattung deren Lebensgrundlagen entziehen, und was wäre dann?

Die öffentliche Verwaltung hat sich einer Organisationsethik zu stellen, wie alle anderen Einrichtungen auch, in denen Menschen für Menschen arbeiten und in denen nicht nur organisierte Unverantwortlichkeit herrscht. Sie zu erkennen und zu beseitigen, darf nicht nur ein momentanes Anliegen sein, sondern muss dauerhaft von der Verwaltung selbst bekämpft werden.

Legalität ist das eine, Legitimität das andere. Beides steht auch in der Verwaltung in einem öffentlichen Kontext und beides sichert erst das Vertrauen, welches das Zusammenleben der Bürger erträglich und lebenswert werden lässt. Wie schön wäre es, wenn am Ende das Bürgerurteil lauten würde: Unsere Verwaltung ist weltoffen, praxisnah und bürgerfreundlich. Ein langer Weg, der aber auch mit kleinen Schritten erfolgreich begangen werden kann.

DEUTSCHLAND, DEINE INTEGRATION

Vaterland und Muttersprache sind Wortfindungen, die mehr und mehr in das Vokabular reaktionären Gedankengutes abgleiten. Öffnung der Grenzen, Freiheit um jeden Preis, Sprachenwirrwarr auf allen Ebenen und in allen Regionen sind die neuen Signale, die Deutschland als ausländerfreundliches Einwanderungsland Angehörigen aller Kulturkreise als Willkommensgruß entgegen bringen.

Dieser öffentlich propagierte gesellschaftliche Werteverzicht hat freilich eine unethische Grundposition. Alles, was über viele Jahrhunderte für ein Land und eine Nation von Bedeutung war, wird unter dem Signum von Beliebigkeit und Freizügigkeit bewusst infrage gestellt und für eine unverstandene Anbiederungshaltung preisgegeben.

Das Aufspüren wertorientierten Denkens als ausländerfeindliche Grundhaltung wird zum Volkssport und dem konservativen Lager oder der rechten Szene zugeordnet. Modern ist der, der seine kulturelle Identität über Bord wirft und möglichst jeden Einwanderer in seiner eigenen Landessprache Arbeit, Wohnung und Rente zuweist. Offenbar zählt nur das, was unseren ausländischen Gästen frommt, sei es im Bildungsbereich, auf dem Arbeitsmarkt, in der Religionsausübung oder in der Wahrnehmung ihrer Landesriten. Die Wertepositionen des Gastgeberlandes hingegen erliegen dem Charme der Integration um jeden Preis.

Der Bundespräsident forderte jüngst den Minimalkonsens: Wer nach Deutschland kommt, sich hier niederlassen und auf Dauer die Segnungen des Sozialstaates in Anspruch nehmen will, hat wenigstens die deutsche Sprache zu erlernen. Dies allein reicht aber nicht aus. Es ziemt sich nicht, mit der Keule deutscher Gerichtsbarkeit, dem Gastgeber die ihm fremden religiösen und kulturellen Gewohnheiten aufzuzwingen, die unter der Flagge der Grundrechtsabwägung den eigenen volkstümlichen, ethischen und moralischen Empfindungen zuwiderlaufen. Freiheit hat Grenzen; auch die in Deutschland beanspruchten Freiheiten haben Grenzen. Dies haben auch die Verfassungshüter zu respektieren. Ein Verfassungsgericht jedoch, das sich dem politpubertärem Integrationswahn einiger Regierender andient, versündigt sich an jenen, die dem Verfassungsgericht das Wächteramt eines auf kulturelle Identitäten beruhenden Rechtsstaates anvertrauen. Wenn diese Funktion infrage gestellt wird, stellt sich das höchste deutsche Gericht selbst infrage. Der Traum von multikulturellen Gesellschaften auf deutschem Boden, in denen es sich so leicht und angenehm leben lässt, verkennt die Bedeutung wertebezogenen Lebens, belastet den Erhalt einer Wertegemeinschaft und übersieht, dass auch zu der allseits erwünschten Harmonie ethische Grundprinzipien notwendig sind, die nicht dem fröhlichen und beliebigen Miteinander geopfert werden können.

Ehe und Familie haben schon längst ihre gesellschaftliche Bedeutung verloren. Die Kirchen locken vergeblich Gläubige zum Altar. Ausbildung und Beruf überantworten sich ausländischen Interessen, angloamerikanische Spracheinflüsse torpedieren deutsches Sprach- und Sprechvermögen und das Sozialwesen begünstigt inzwischen die ins Land Geholten in unerträglicher Weise gegenüber diejenigen, die ohnmächtig den Veränderungen der Lebensbedingungen zusehen müssen. Moral und Ethik werden den Altären anderer Religionsgruppen geopfert, die weit von unserem christlich abendländischem Gedankengut entfernt sind.

So reiht sich auch die Rechtsprechung des Verfassungsgerichtes nahtlos in diesen Trend ein, indem der islamische Schlachtritus, das Töten von Rindern und Schafen bei vollem

Bewusstsein der Tiere, also ohne vorherige Betäubung gestattet wird. Mit diesem Urteil stellt das Gericht den Anspruch auf freie Religionsausübung ansässiger Minderheiten höher als das Rechtsempfinden der deutschen Bevölkerung auf Tierschutz und die Gesetze zur Verhinderung von Tierquälerei. Dieses Urteil ermöglicht damit muslimischen Metzgern ihren Beruf im Inland so auszuüben, wie es in deren Heimat Brauchtum ist. Das Schächten von Tieren, das selbst eingeweihten Muslimen als nicht zwingende religiöse Notwendigkeit zum Ausbluten der Vierbeiner erscheint, hat offenbar unsere Gerichtsbarkeit nicht davon abgehalten, die Rückreise in mittelalterliche Gefilde anzutreten. Der Druck des Islamismus macht auch nicht vor den Schranken eines Verfassungsgerichtes halt und er scheint damit Erfolg zu haben. Über drei Millionen Muslime in Deutschland haben damit das Tor ihrer kulturellen Identität weit aufgestoßen und es stellt sich die Frage, ob andere konfliktträchtige Bereiche wie Moscheenbau und Muezzinrufe, Kopftuchtragen und Religionsunterricht, Berufs- und Sprachgewohnheiten nicht auch unter dem Deckmantel liberaler Rechtsprechung als Folge dieses Urteils eingefordert werden.

Es geht nicht um die Sicherung der Werte von Einwanderern und Zugezogenen. Es geht um die Erhaltung der Werte und jener kulturellen Identitäten, die ja gerade diese Menschen veranlasst haben, nach Deutschland zu kommen und ihre bisherigen Standorte aufzugeben. Deutschland liegt inmitten Europas und nicht in irgendeinem anderen Teil dieser Welt. Es ist daher auch nicht unbillig zu verlangen, dass diejenigen, die das multikulturell orientierte Gastrecht in Anspruch nehmen, die tatsächlich vorhandenen Gegebenheiten respektieren und nicht ihre eigenen Gewohnheiten per legem mit Verfassungsrang transplantieren. Die angestammten Wertigkeiten verwässern sich dann und relativieren die geistige Kultur eines Volkes, die sich in nebulösen Wertvorstellungen verflüchtet.

Ausländerfreundlichkeit darf nicht mit dem Verzicht zur Selbstaufgabe verwechselt und auch nicht einer sogenannten Werteoffensive geopfert werden, in der spätere Generationen keine Orientierung mehr finden. Nach unserem Verständnis und Empfinden wird durch das Urteil Tierquälerei legalisiert und dies kann nicht – über alle Religionsgrenzen hinweg – hingenommen werden. Wer in Deutschland leben will und sich damit deutschen Gesetzen zu unterwerfen hat, muss auch die deutsche Rechtsprechung akzeptieren, wonach das Schächten von Tieren bislang als grausame Tierquälerei angesehen wurde. Vielleicht wäre es ratsam, wenn sich Karlsruhe bei den Schlachtungsriten ein Bild darüber macht, dass Tierquälerei durch nichts zu rechtfertigen ist, vor allem, wenn der Todeskampf dieser Tiere bis zu 15 Minuten dauert, bis das Leben aus ihren Körpern geronnen ist. Oder steht zu befürchten, dass kommerzielles Handeln inzwischen über den Bedürfnissen des Tierschutzes gestellt wird?

Es bleibt jedem Gast unseres Landes unbenommen, die liberale Großzügigkeit seines eigenen Heimatlandes in Anspruch zu nehmen, wenn ihm an der rituellen Religionsausübung und den Freiheiten seines Berufsstandes so viel gelegen ist. Wie wäre es mit der grausamen Beschneidung junger Mädchen, wenn es den orthodoxen Religionsfanatikern in den Sinn kommt, auch hierzu das deutsche Bundesverfassungsgericht einzuspannen? Den Phantasien sind jedenfalls keine Grenzen gesetzt, wo die Gerichte selber keine ziehen.

Das Verfassungsgericht hat in seiner Werteabwägung weniger zur Integration ausländischer Bevölkerungsteile als zur Desintegration kultureller Identitäten beigetragen. Integration kann nur gelingen, wenn dies einvernehmlich mit den vorhandenen Wertvorstellungen der angestammten Bevölkerung stattfindet. Wenn diese Assimilation fehlt oder grob fahrlässig vernachlässigt wird, greifen die dekretierten Bemühungen ins Leere. Wertepositionen, die unverrückbar sind, müssen auch unumstößlich bleiben, nicht nur im Interesse eines gesunden Rechtsempfindens, sondern auch im Interesse des geschächteten Schlachtviehs. Auch dieses hat Anspruch auf Würde, selbst im Töten, wenngleich Riten, Kommerz und Justiz offenbar darauf keine Rücksicht mehr nehmen.

DIE BETRÜGER – GESELLSCHAFT

Mit der spektakulärsten Unternehmenspleite in der Geschichte der Vereinigten Staaten, dem Niedergang des Energiegiganten Enron, einst siebtgrößtes Wirtschaftsimperium der USA, bestätigt sich wieder einmal, welche unseligen Folgen gegenseitige Einflussnahmen und Verquickungen von Wirtschaft und Politik nach sich ziehen.

Die Geschichte des Untergangs von Enron hat hollywoodreifen Charakter. Einer der Hauptdarsteller entzog sich seiner Filmrolle mit einer Kugel im Kopf; ein anderer Hauptdarsteller zog es vor, seine Rolle dem Insolvenzverwalter zu übertragen und Dutzende Inhaber von größeren und kleineren Nebenrollen bis hin zu Komparsen und Statisten befleißigten sich, ihre Rolle herunterzuspielen oder sich ganz aus dem Filmstreifen davon zu stehlen. Angefangen vom ehemaligen, skandalumwitterten Ex-Präsidenten der USA und dessen Vize, über den zur Zeit amtierenden Präsidenten und dessen Vize, zahlreichen republikanischen und demokratischen Politikern bis hin zu Mitgliedern des amerikanischen Kongresses, alle spielten in dem Stück eine mehr oder weniger unrühmliche Rolle, die sie weniger zu Anwärtern auf einen Oscar machte als sie in den Kreis der Verdächtigten für staatsanwaltliche Ermittlungen rückte. Alle verantwortlichen Mitspieler, Regierung, Management und Wirtschaftsprüfer, haben aktiv oder passiv an den Betrügereien mitgewirkt und Bestechungen akzeptiert. Sie waren Teil eines lasziven Umgangs, in dem keine harten Fragen gestellt wurden und die Behandlung von 16 000 Mitarbeitern als reine Privatsache angesehen wurde. Obgleich noch vor knapp 24 Monaten verkündet wurde, dass der Welt größter Energiehändler zum größten Unternehmen der Welt wachsen sollte, kam der Niedergang schnell und heftig. Mit Gesamtschulden von über 30 Mrd. US-Dollar und dem Bankrott aller Jobs steht das Unternehmen am Abgrund.

Jahrelang hatte eine betrügerische Buchhaltung systematisch das Unternehmen in die Nobelklasse des US-Kapitalismus hochgepuscht und die Medien für sich eingespannt. Belastendes Material wurde vernichtet und die Wirtschaftsprüfer von Arthur Andersen gaben zu allem ihren Segen.

Ständiger Missbrauch wirtschaftlicher und politischer Macht beflügelte die leichte Kavallerie texanischer Lebensfreude und ließ sie alle Hürden bequem überspringen. Inwieweit das von der US-Regierung beschlossene industriefreundliche Energieprogramm auf die hohe Wahlkampfunterstützung von Enron zurückzuführen ist und anderweitige Segnungen an maßgebende Politiker zu deren Vorteil, wird die eingeschaltete Aufsichtsbehörde zu untersuchen haben. Erst als die Realität die Mitarbeiter mitsamt dem Vorstand überkam und sich ein drohender Verlust von über 1 Mrd. US-Dollar abzeichnete, nahm die „Ära der Laszivität" ein jähes Ende.

Die Berichterstattung über den drohenden Schaden erschütterte den Glauben an die amerikanische Version eines sozial-orientierten und „menschenfreundlichen" Kapitalismus. Sie trat eine Welle der Empörung los, weil es möglich war, dass so lange und so heftig zum Nachteil unzähliger Existenzen Betrügereien begangen und verdeckt wurden, an denen alle Beteiligte ohne Schuldempfinden mitgewirkt haben.

Eine vorurteilsfreie Aufdeckung der losgetretenen Skandalfluten ist angesichts der unübersehbaren Dammbrüche der zu untersuchenden Vorgänge nahezu undurchführbar. Dabei wirken die allseits öffentlich vorgetragenen Dementis, die hektischen Spendenerstattungen, die vielen Rückschecks und die Rückgaben „irrtümlich" angenommenen Tiffany-Schmucks oder „zufällig" erhaltener Rolex-Uhren – mit und ohne Diamanten – eher wie das letzte Flattern vor dem Untergang. Der Verlust von Ruhm und Ehre durch schamlose Betrügereien wird zwar den Kapitalismus nicht ändern, aber vielleicht die moralischen Spielregeln wiederherstellen und ihre Beachtung wieder stärker einfordern.

Die prominenten Anhänger dieser Betrugs-AG hatten im Laufe der Zeit aus dem Auge verloren, dass sie kein Mandat für die Ewigkeit haben und dass das Spiel um Macht und Moneten, um Einfluss und Ehrgeiz doch nur von kurzer Dauer ist.

Ein Aufschrei ging durch das Land, als im Oktober 2001 bekannt wurde, dass der größte amerikanische Energieversorger Pleite ging und jahrelang mit gefälschten Bilanzen und verschwundenen Dokumenten die Öffentlichkeit täuschte und damit viele Aktionäre und Kapitalanleger um ihr Vermögen brachte. Das krisengeschüttelte Land erlebte nur einen Monat nach den terroristischen Erschütterungen ein ökonomisches Erdbeben, dessen Wirkungen möglicherweise noch einen größeren Wendepunkt in der amerikanischen Geschichte ausmacht als die weltumspannende Terrorismusbekämpfung. Alle demokratischen Kräfte fordern nach einem Jahrzehnt dauernden Reformstaus endlich neue Regelungen für Pensionsfonds, nach wirksameren Regulierungen für Wirtschaftsprüfer und nach intensiver Überwachung der Wahlkampffinanzierung, nach Beeidung der testierten Bilanzen durch den Vorstand und seiner persönlichen Haftung im Falle festgestellten Bilanzbetruges. Diese Forderungen haben alle einen ethischen Hintergrund. Sie verlangen nach einer Kodifizierung wirtschafts-, unternehmens- und berufsethischer Verantwortung, die das Zusammenspiel der politischen und marktwirksamen Kräfte auf eine neue Basis stellen, damit sich Skandale wie bei Enron nicht wiederholen. Der Verlust zahlloser Arbeitsplätze und definitiver Rentenansprüche, sowie der enorme Kursverfall der Enron-Aktie von 80 US-Dollar pro Aktie auf 42 US-Cent und der damit verbundenen Vermögenserosion, haben eine epochale Neubesinnung in die Glaubwürdigkeit von Politik und Wirtschaft und deren Verhältnis zueinander eingeleitet. Die tiefe Verwurzelung korrupter Geschäftspraktiken bis in die Regierungsspitze hinein, die gegenseitigen Verdachtsmomente, die permanenten Verstöße gegen Insider-Regeln und die Missachtung unternehmensethischer Compliance-Ansätze haben für viele aus der amerikanischen Gesellschaft eine Betrüger-Gesellschaft gemacht.

Management by corruption als erfolgreiche Führungsmethode ist offenbar immer noch ein bewährtes Leitungsinstrument, das bei dosierter Anwendung nach wie vor einen positiven Return erwarten lässt. Das Management schmiert dort, wo die Wirkung am effizientesten ist, und zugleich am wenigsten verfänglich erscheint.

Sie nutzt zu ihren Gunsten wirtschaftliche und informelle Asymmetrien aus und lässt „moral hazard"-Praktiken zu, die entsprechende Rentabilitäten verheißen.

Die Begünstigten, wie bei Enron meistens Politiker, verschaffen ihrerseits dem „big spender" steuerliche Rückendeckung, glänzendes Wachstum und neue Marktchancen, in dem sie sich ihr Wohlwollen mit angemessenen Wohltaten entschädigen lassen.

Erst musste eine kleine Buchhalterin den Mut aufbringen, – unbeeindruckt von der ihr abverlangten buchhalterischen „Kreativität" und im Bewusstsein ihres berufsethischen Selbstverständnisses – den Schwindel aufzudecken und damit den Sprengstoff zu liefern, der die vielen Betrügereien und Unwahrheiten zur Detonation brachte. Sie hatte sich das richtige Gespür für Bilanzwahrheiten, Bilanzklarheiten und Bilanzbewertungen bewahrt, das der renommierten Prüfungsgesellschaft offenbar bei der Erstellung der Jahresabschlüsse abhanden gekommen war. Der Konsens zwischen Anlegern, Investoren und Lieferanten, der dafür sorgte, dass die Unternehmen ihre Zahlen offen legen und Investoren vor Fehlinformationen schützen, ist durch Enron und Andersen gebrochen worden. Das Schreddern wichtiger Akten durch die Wirtschaftsprüfer hat das ganze Vertrauen in das Treuhandwesen, die Rechnungslegung und die Wirtschaftsprüfung nachhaltig erschüttert.

Mit der Aufdeckung der Bilanzfälschungen und des Bilanzbetrugs ging die couragierte Mitarbeiterin an die Öffentlichkeit und informierte sie über das Desaster von Management und Banken, Aufsichtsrat und Ausschüssen, Prüfern und Politikern. Sie alle wussten von den Betrugsabsichten oder haben sie zumindest durch ihr Schweigen billigend in Kauf genommen. Die in den Jahresabschlüssen testierten wirtschaftlichen Verhältnisse von Enron entsprachen nicht den tatsächlichen Gegebenheiten. Alles wurde verschleiert, was nicht in die Performance passte. Der Blick für die Realität wurde so lange getrübt, bis am Ende keiner mehr den Durchblick hatte, und niemand mehr wusste, was nun Dichtung und was Wahrheit war.

Das Ergebnis war, dass der Energiemulti bei einem Jahresumsatz von rd. 100 Mrd. US-Dollar keine einzigen Steuern an den Fiskus zahlte und niemand – auch nicht die Finanzverwaltung – es der Mühe wert fand, diese wundersame Finanz- und Steuerakrobatik zu überprüfen oder sie zumindest zu hinterfragen. Vorbei an Banken, Aktienanalysten, Investmentfonds und Buchprüfern gelang es den Täuschungsrastellis, der Öffentlichkeit ein Kurspotenzial glaubhaft zu machen, das nicht durch wirtschaftliche Fundierungen unterlegt war. Dem Shareholder Value wurden zwar die „assets" als Weihegaben gehuldigt, die „liabilities" indes blieben dem Ritual der Selbstbeweihräucherung fern.

Im Ergebnis blieben alle auf der Strecke. Die Beschäftigten mit ihrer Arbeit, die Anleger mit ihrem Kapital, das Management mit seiner Reputation, die Profiteure mit ihren Benefizien und schließlich der Glaube einer vertrauensseligen Öffentlichkeit an die Verheißungen des US-Kapitalismus.

Nur einer versuchte noch rasch aus dieser Kette auszuscheren und sein persönliches Heil in der Ausnutzung seiner Informationsvorsprünge zu suchen. Der Vorstandsvorsitzende veräußerte vor dem Crash noch rasch sein persönliches Aktienportefeuille von eigenen Enron-Aktien und machte damit einen Schnitt von rd. 37 Mio. US-Dollar. Mit seinem Vorwissen über den bevorstehenden Untergang von Enron gelang es ihm, die Börse auszutricksen, noch bevor der Werteverfall einsetzte. Danach waren die Aktien nur noch Muster ohne Wert. Das Insider-Wissen hat den Experten im Vorfeld der nahenden Katastrophe doch noch zu einem reichen Mann gemacht, während der normale Aktionär leer ausging.

Angesichts des permanenten Werbens vieler Großunternehmen und mit ihnen verbandelter Politiker, auch in Deutschland, über den Aufbau individueller Altersvorsorgung in langfristig angelegte Aktienanlagen, erhält die Pleite von Enron auch bei uns eine neue Dimension. Nichts, so scheint es, ist auf Dauer sicher. Was heute unumstößlich ist, scheint morgen schon fraglich.

Auch ein Energiekonzern von der Größe und Bedeutung Enrons, dem man getrost faktische Staatsgarantie unterstellt hatte, und der nun zum Gaunerstück avancierte, lässt die Frage von Anlagesicherheit und Leistungsqualität langfristig orientierter Aktienanlagen in einem neuen Licht erscheinen. Langfristig ist offenbar alles disponibel und variabel und nicht einmal politische Zusagen sind in der Lage, Garantien über Unternehmen und Märkte abzugeben, die heute noch als „mündelsicher" gelten. Die Grenzen politischer Einflussnahmen und Möglichkeiten verwischen nämlich in dem Maße, wie sie ihre Funktionen als gesellschaftliches Korrektiv preisgeben und sich lediglich als Interessenverwalter für bestimmte Unternehmen oder bestimmte Unternehmer einspannen lassen.

Der Fall Enron ist keine Pleite wie jede andere. Systematischer Bilanzbetrug wurde von den Prüfern toleriert und damit die

Bastion unbestechlicher Treuhand- und Revisionsarbeit aufgegeben. Das Zahlenwerk entstammte den Erzählungen von Andersens Märchen. Was belastend war, wurde einfach vernichtet. Mit einer Abstrafung wegen beruflicher Standesverletzungen ist es allein nicht getan. Es steht viel mehr auf dem Spiel. Es ist das ganze Vertrauen in den Rechtsstaat und in eine Wirtschaftsordnung, denen die Bevölkerung rückhaltlos vertraut und die in ihren Grundfesten erschüttert wurden. Die Spielregeln werden auch in Zukunft die gleichen bleiben, nur wird in Zukunft darauf zu achten sein, dass sich alle an die Spielregeln halten und durch konsequentes Anwenden und Umsetzen der gesetzlichen Bestimmungen verlorenes Vertrauen wieder zurückgewonnen wird. Wenn Glaubwürdigkeit, Selbstverpflichtung und Eigenverantwortung auf der Strecke bleiben, machen sich Untreue, Obstruktionen und Gesetzesbrüche breit und öffnen das Tor ins wirtschaftliche Chaos.

Enron war nur ein Anfang. Wir alle sind gefordert, dass es beim Anfang bleibt. Enron ist mehr als eine geschichtsträchtige Unternehmenspleite. Sie ist die Spitze eines Eisbergs, die durch den gesellschaftlichen Betrug, den nachhaltigen moralischen Konsens aller Wirtschaftssubjekte aufgekündigt hat, der erforderlich war, um den wirtschaftlichen Umgang miteinander tragfähig, kalkulierbar und glaubwürdig zu machen. Die Rückbesinnung auf ethische Werte und die Rückgewinnung moralischer Verhaltensnormen werden darüber entscheiden, ob die kapitalistische Ausformung unserer Wirtschaftsordnung auf Dauer Bestand hat oder nicht.

Die Erfolgsgesänge von Energiehändlern und anderen dürfen nicht länger in dem Refrain enden: Wenn Du mir zum (politischen) Erfolg verhilfst, halte ich Dir (wirtschaftlich) den Rücken frei und umgekehrt.

Sie eignen sich auch nicht für intime Kammerkonzerte auf den Chefetagen der Konzerne möglichst hinter verschlossenen Türen.

An diesen „musikalischen" Darbietungen haben sich immerhin 212 von 248 Senatoren und Abgeordneten (85%) erfreut, die in den elf Enron-Untersuchungsausschüssen gesessen haben und die für diese Art der konzertanten Darbietungen in Form von Geschenken und geldwerten Zuwendungen empfänglich waren.

Empfinden diese Ausschussagenten ihr Tun gegenüber Wählern und der Öffentlichkeit überhaupt als moralisch verwerflich und als Fehlverhalten gegenüber ihrem Eid, dem Staat und seinen Bürgern uneigennützig und vorurteilsfrei zu dienen?

Wann, so fragt man sich, ist die Grenze des Anstands überschritten, bei der selbst Mitglieder der amerikanischen Administration ihre Hände nicht mehr für Bestechlichkeiten aufhalten?

Ist es nicht mehr eine Frage von Anstand und Moral, wenn sich die großen amerikanischen Parteien wechselweise in den letzten zehn Jahren mit mehr als sechs Mio. US-Dollar haben schmieren lassen oder sie als Bestechungsgelder zur Aufbesserung der eigenen Wahlkampfschatulle nutzten?

Niemand hielt es für anrüchig, wenn in dem Land der unbegrenzten Möglichkeiten aus einer unbedeutenden Naturgas-Vertriebsfirma urplötzlich ein riesiger Energie- und Kommunikationskonzern wurde und dessen Spitzen zum Leuchtfeuer für politische Aufsteiger avancierten. Der Absturz indessen musste mit dem unvermeidbaren Crash enden, bei dem es keine Überlebenden mehr gab.

Aber auch der im Land der unbegrenzten Skandale weitverbreitete Irrglaube: „bigger is better", hat freilich einmal mehr Nahrung erhalten. Planlose Deregulierung der Energie- und Strommärkte unter dem Patronat gouvernementalen Schutzes, das beispiellose Jonglieren mit Lieferverträgen, der Verkauf und Vertrieb von Waren aller Art und dubiosen Versicherungen sowie bizarren Finanzprodukten, sollten die Börsen elektrisieren und die Aktienanalysten blenden. Die Täuschungsmanöver konzerneigener Rechnungslegung wurden nur noch durch die Großspurigkeit verantwortungsloser Bosse übertroffen. „Enronomics" war das Synonym für ein Netzwerk absahnender Lobbyisten bis in die höchsten Regierungskreise hinein. Das Gespinst aus Betrug, Bestechung und „brüderlichen" Beziehungen nahm letztlich ein furchtbares Ende. Der Börsenwert von Enron mit 30 Mrd. US-Dollar löste sich über Nacht in Nichts auf. Die Leistungen vieler Menschen verpufften in einem einzigen Knall.

Die Moral von der Geschicht: Prüfe die Bonität deiner Geldanlagen darauf, wie ihre Manager damit verfahren. Beobachte ihre Machenschaften, die Aufschluss darüber geben, wie sie mit ihren eigenen Anlagen umgehen und die Menge eigener Aktien auf den Markt werfen. Besondere Vorsicht ist dann geboten, wenn sie aus nicht erkennbarem Grund urplötzlich alles verkaufen. Dann ist Handlungsbedarf angesagt, wenn es nicht vielleicht schon zu spät ist.

Kein Schelm, der Schlechtes dabei denkt.

Denn, wer seinen eigenen Papieren nicht mehr traut, traut auch seinen eigenen Fähigkeiten nicht und ist das Vertrauen seiner Anleger nicht mehr wert.

DIE MITTE AM RANDE

In den Jahren von Bundestagswahlen gleichen Parteien, Abgeordnete und Funktionsträger einem aufgescheuchten Hühnerhaufen. Jeder versucht, für sich die günstigste Ausgangsposition und für seine Partei die politische Mitte zu reklamieren, um möglichst reichhaltig von den politischen Segnungen beglückt zu werden. Es geht also darum, den Begriff der Mitte hinreichend zu besetzen.

Nach der Gauß'schen Normalverteilungskurve ist das auch völlig verständlich. Im Bereich der Mitte befindet sich der höchste Prozentanteil, den es zu ergattern gilt, und ökonomisch verheißt die Mitte die besten Absatzchancen, den lukrativsten Markt und damit den sicheren Wahlerfolg.

Über die „Farbgebung" einer klassischen Mitte-Partei scheint indes bei den Politstrategen erhebliche Unsicherheit zu bestehen. Die politische Praxis der Regierenden als Genossen der Bosse muss rechtzeitig wieder zurückgeführt werden in die sozialen Kategorien der politischen Mitte, damit die Glaubwürdigkeit öffentlicher Bekundungen im Bewusstsein der Mitte neuen Glanz erhält. Mitte ist nicht Berlin und auch nicht die repräsentative Zentrale von Daimler-Chrysler. Mitte ist jedes Dorf im Land und jedes Bürgerhaus, in dem nicht unbedingt der Geldadel und das Kapital angesiedelt sind.

„In Deutschland ist die Mitte rot", verkünden die einen und mühen sich zugleich um Korrektur. Nur das Rot, das sie meinen, ist selbstverständlich die wahre Mitte. So gibt es offensichtlich im Farbverständnis der „Roten" noch andere, weniger typische Rotschattierungen, die zu ärgerlichen Verwechslungen Anlass geben.

„Die Mitte ist schwarz" sagen die anderen und verweisen auf die politischen Leistungen als erprobte Volkspartei hin, die in der Tradition demokratischer Errungenschaften und wirtschaftlicher Erfolge, die politische Mitte ausschließlich für sich reservieren.

Die Farbe Gelb, als Signum für die liberale Partei, ist nicht nur die Farbmitte einer Verkehrsampel, sondern soll auch die neue politische Mitte symbolisieren. Denn die Liberalen argwöhnen ein Abgleiten der „Schwarzen" in das rechte Spektrum der Gauß'schen Mitte und damit entsprechende Einbußen beim Stimmenfang, ebenso prophezeien sie ein Abdriften der „Roten" in das linke Wahlspektrum durch die politischen Bündnisse mit der SED-Nachfolgepartei in mehreren Bundesländern, so dass der Weg frei wird, für die neue gelbe Mitte Deutschlands.

Die Grünen hatten die Mitte nie besetzt und ihr Heil als Mehrheitsbeschaffer ihrer farblichen Nachbarn gesucht. Sie ist keine Partei der Mitte, sondern am Rande anzusiedeln mit einer ursprünglich roter Patina, inzwischen divergierenden Farbinteressen, aber einmütig im Bewusstsein, von den Machttrögen zu profitieren und dabei immer auf der Suche nach eigenem, unverwechselbaren Profil zu sein. Eine Partei, die den Außenrand der Mitte einnimmt, und für die Besetzung des Begriffs der Mitte deshalb nicht infrage kommt. Eine Partei ohne ausreichende Stammwählerschaft, die stets in ihren Grundwerten einzuknicken droht, wenn es um politischen und personalen Machterhalt geht.

Die Postkommunisten und SED-Nachfolgeorganisationen haben es dagegen geschickt verstanden, im Kalkül der Farbenlehre sich optisch mit der gleichen Farbe zu versehen, wie sie die Sozialdemokratie traditionell bisher allein inne hatte. Verwechslungen in der Rotfärbung sind bewusst herbeigeführt und daher für die Mitte leicht irreführend. Sie dienen mehr dazu, die politische Farbenlehre zu verwirren als zu bereichern. Denn welche ernstzunehmende Partei möchte mit jener Farbgebung verwechselt werden, deren Partei sie jahrzehntelang, als unmenschlich, kriminell, undemokratisch und menschenverachtend abqualifiziert hatte. Oder sollte in der politischen Farbenlehre auch der berühmte Satz gelten: Tempora mutantur et nos in illis mutamur?

Die farbliche Eintracht unter ehemaligen Kontrahenten macht's möglich. Wegen der inzwischen nur marginalen Unterscheidbarkeit und der für das normale Auge nicht sichtbaren Farbunterschiede behelfen sich die Parteien, indem sie einfach ihre Farben doppelt benennen. So gibt es eine neue Farbe innerhalb des roten Farbspektrums mit der Bezeichnung rot-rot ohne farbliche Eigenständigkeit bzw. farbliche Abstufungen. Für die Mitte genügt es offenbar, deren Farbenblindheit nicht weiter zu strapazieren.

Mitnichten. Machtbewusstsein macht bewusst Macht und nicht umgekehrt, dabei spielt es keine Rolle, ob Rücksicht auf die eigene Herkunft, die politische Vergangenheit des Partners und dessen Programmatik oder die Belange der Mitte genommen wird.

Wer sich nicht mehr unterscheidbar macht und eigene politische Konturen aufgibt, darf sich nicht wundern, wenn die Zielbündel von einst und heute zu Verwechslungen führen und von der Mitte nicht mehr unterscheidbar und undifferenziert wahrgenommen werden. Das politische Tagesgeschäft lässt offenbar Farbveränderungen zu, die sich aus dem ursprünglichen rot in rosig, rosarot, weinrot, feuerrot oder blutrot wandeln oder – je nach Untergangsstimmung – in abendrotem Licht erscheinen. Alles Farbnuancen, die in rot-roten Bündnissen vorhanden sind und die Mitte regieren wollen.

Nein, alle bisherigen Farben, welche die Mitte Deutschlands für sich beanspruchen, repräsentieren sie indes nicht. Die Mitte in Deutschland ist weder rot oder rot-rot noch schwarz oder „schwarz-schwarz, sondern „weiß". Eine Partei, deren

Farbe es bis heute noch nicht gibt und wohl auch nie geben wird. Sie symbolisiert in der Parteienlandschaft jene politische Gruppierung, die sich nicht vor Wahlen darauf besinnt, den Begriff der Mitte zu besetzen, über Eigenverantwortung und Solidarität nachzudenken und Offenheit und Toleranz zu propagieren. Sie höhnt nicht mit einer politischen Kultur der Mitte, wie sie prominente Stimmenfänger lauthals verkünden. Versprechungen von verstärkten Bildungsangeboten, modernem Zuwanderungsrecht werden als Botschaften nicht mehr ernst oder überhaupt nicht wahrgenommen, auch wenn ihre „Lautsprecher" das Gegenteil verkünden.

Die Mitte Deutschlands ist weiß. Ihre Partei besticht durch Ehrlichkeit, Unbestechlichkeit und Glaubwürdigkeit. Sie zeichnet sich durch qualifizierte persönliche, sachliche und moralische Kompetenz aus, besetzt Ministerposten nicht nach dem Domino-Prinzip, nach Geschlechtsmerkmalen oder anderen Relationalitäten und Proportionalitäten, sondern nach dem Grad der für das jeweilige Fachgebiet optimalen Qualifikation zum Wohle der Mitte. Zweifelhafte Biographien im Umgang mit politischer Macht haben in der weißen Partei ebenso wenig Aufstiegschancen wie der geübte Umgang mit Skandalen, Korruptionen, Steuer- und Dienstvergehen und anderen „Gefährten" auf dem Weg nach oben.

Die weiße Partei repräsentiert das Unbefleckte, Unbestechliche, das allzeit Gültige. Sie praktiziert Glaubwürdigkeit, untersteht einem hohen moralischen Anspruch und fokussiert die Nöte der Mitte auch nach dem Wahltag. Sie demonstriert in allen demokratischen Herausforderungen, dass Politik auch ein sauberes Geschäft sein kann und teilt den Erfolg mit ihren Wählern. Ihre Funktionäre verkünden nicht bloß, dass die Mitte der entscheidende Motor der gesellschaftlichen Modernisierung ist, sondern handeln auch danach. Sie schafft ein hohes Maß an Integrität und vermeidet den Privilegienparforce der „politischen Klasse". Sie müht sich um Ausgleich sozialer Ungerechtigkeiten und fördert das Leistungsprinzip als Maxime einer freien, gewinnorientierten Wirtschaft. Sie stärkt die individuellen Begabungen und setzt das Recht auf Arbeit konkret für alle durch geeignete Maßnahmen um. Sie kuriert nicht an Symptomen, sondern konzentriert sich auf das Wesentliche. Sie ist keine Partei der linken Mitte oder der rechten Mitte oder irgendwelcher Randerscheinungen, die den stärksten Druck und das höchste Machtpotenzial ausüben, sondern ausschließlich der Mitte, die ein Abdriften nach links oder rechts nicht zulässt. Alles Parteieigenschaften, die wir zwar in der Mitte suchen, aber dort nicht finden. Die Farbe „weiß" steht für unverfälschte Farbgebung, in der weder roter Filz, schwarze Seilschaften noch andersfarbige Vetternwirtschaften einen Platz haben. Eine Partei, die sich nicht bereichert, ihre Finanzierung nicht vertuscht und sich nicht ständig in dubiosen Machenschaften verstrickt. Die Partei der „Weißen" hat keine Leichen im Keller, hält sich an das, was sie verspricht und muss nicht an Zusagen erinnert werden, die sich später als Wahllügen enttarnt haben. Die Partei der Mitte hat den Blick für das Machbare und verschließt sich dem Nichterfüllbaren. Sie sagt das, was sie meint, und tut das, was sie sagt. Sie zieht aus Fehlern Konsequenzen und gesteht freimütig Fehlentwicklungen ein. Das Wohl des gesamten Volkes, das von der Mitte ausgeht, liegt ihr am Herzen und verkümmert nicht zum wahltaktischen Lippenbekenntnis.

Eigenmächtigkeiten und persönliche Vorteilnahmen sind ihr fremd. Bei ihr finden Abstimmungen über Diätenerhöhungen nicht klammheimlich statt, und werden auch nicht „über Nacht" auf die Tagesordnungen der Parlamente gesetzt, um unbemerkt von der Mitte die parlamentarischen Hürden zu überspringen; selbstverständlich ohne Gegenstimmen aller nicht-weißen Parteien. Die weiße Partei unterliegt nicht einer fragwürdigen Selbstbedienungsmentalität und betrachtet demokratisch legitimierte Prüfungsinstanzen nicht als überflüssige Wadenbeißer.

Partnerschaft, sozialer Konsens, Primat der Familie, Chancen für alle, sind in ihrem Wahlprogramm als ethische Grundprinzipien ebenso angesiedelt wie das friedvolle und wertebewusste Zusammenleben der ihr anvertrauten Menschen. Sie beschönigt die tatsächlichen Verhältnisse nicht und lässt sich nicht auf Halbwahrheiten ein. Sie vermeidet Versprechungen, die sie nicht einhalten kann und setzt keine Maßstäbe, die sie bei entsprechender Prüfung einknicken lässt wie dünne Streichhölzer. Fragen zur Beschäftigung, Kriterien zu Zahlen der Erwerbslosen werden nicht ausgeklammert und verlieren sich nicht in geschönten Vermittlungsstatistiken mit Stellvertreterkriegen, sondern unterliegen einer wirkungsvollen Haushalts-, Konjunktur-, Wachstums- und Arbeitsmarktpolitik, für deren Erfolg die weiße Partei bzw. der von ihr gestellten Regierung die Verantwortung trägt. Wirtschaftspolitik mit ruhiger Hand ist eben mehr als das Umfassen eines Lenkrads aus Anlass der Eröffnung von Autosalons und den raumgreifenden Armbewegungen bei entsprechenden Events.

Politisches Versagen und skandalöse Zustände haben noch nie die Mitte zentriert. Sie sind allenfalls in der Mitte eines gesellschaftlichen Randes angesiedelt, bei dem der Fokus mehr auf das eigene als auf das Wohl der Mitte gerichtet ist. Wenn „einer wie wir" oder „einer von uns" im täglichen Machtumgang seine Herkunft, und die Wurzeln seiner Selbstbestimmung vergessen hat, dann muss er zuweilen daran erinnert werden. Dies ist immer dann der Fall, wenn die erforderliche Eigenverantwortung in Kollektivschuld umgewandelt wird, die dringenden Problemfelder ausgesessen werden, bis sie durch neue abgelöst werden, oder die Medien täglich zum Leidwesen der Renegaten „andere Säue durchs Dorf treiben".

In der Mitte schlägt das Herz eines Volkes und jeder Wahlbetrug ist ein Angriff auf seine Gesundheit. Die Krankheitsgeschichte einer Nation und der vorhandenen Parteienlandschaft ist als Anamnese für die Wiedergesundung eines Volkes nur solange relevant, wie Fehler der Vergangenheit erkannt, identifiziert und therapiert werden. Nur steht den Machterprobten nicht der Sinn danach, nach Ablauf ihrer desolaten Regentschaft die Liste der Krankheitserreger abzuarbeiten, und diese in Zukunft zu bekämpfen. Vielmehr folgt den populistischen Gelöbnissen nach Besserung und Heilung die gleiche Selbsttäuschung und damit wieder derselbe Angriff auf die Mitte unseres (politischen) Lebens.

Das Verständnis für Mitte lässt schließlich keine gleichgeschlechtlichen Eheschließungen zu, auch wenn einige von der Mitte weit abgedriftete Randgruppen dies für erstrebenswert halten und Rückendeckung obendrein von solchen Parteigängern erhalten, die sich als Verbaldemokraten outen und ihre Abnormitäten gleichwohl als „gut" bezeichnen.

Mitte ist etwas anderes. Mitte verlangt nach Schutz und Förderung der Familie. Sie ist die tragende Säule einer gesellschaftlichen Entwicklung, die dem Zusammenleben von Mann und Frau und ihrer genetischen Fortpflanzung dienen und nicht Single-Dasein verherrlichen oder Ehesubstitute verharmlosen.

Mitte ist zudem Wahrung der religiösen Wurzeln eines Volkes und deren rituelle Sitten und Gebräuche. Mitte ist nicht, dem Anspruch der Beliebigkeiten in allen Ausprägungen nachzukommen, selbst dann nicht, wenn der Anschein zweckorientierter Modernität verloren geht. Jedes Zugeständnis an Randgruppen ist ein Eingeständnis an Verzicht auf Mitte und eine ethische Positionsverschiebung unserer Gesellschaft.

Die „weiße" Partei als die lupenreine demokratische Partei schlechthin ist nur eine gedankliche Fiktion. Sie besteht aus Idealen und Wunschvorstellungen, die es nicht gibt und dennoch deren Regierungsprogramm den Vorstellungen der meisten Wähler am nächsten kommt. Eine solche Partei ist eigentlich nicht koalitionsfähig. Denn jeder Kompromiss macht sie erpressbar und verführbar. Um in der politischen Farbenlehre zu bleiben: Jeder andere Farbflecken auf ihrer weißen Weste befleckt die Parteifarbe und macht sie unansehnlich. Anders als bei allen anderen Parteien. Hier dominieren die Mischfarben, je nach Modetrend und Machtversessenheit.

Die „weiße" Partei als Organisation des selbstlosen und uneigennützigen Einsatzes steuert keinen Kurs in Richtung Mitte, sie ist die Mitte selbst, weder die neue noch die alte. Sie balanciert am besten die unterschiedlichen Gesellschaftsinteressen aus und benötigt keine Erfolgsrezepte für einen günstigen Wahlausgang. Sie geht in allen Belangen mit gutem Beispiel voran, unternimmt keine Lustreisen, gibt sich nicht der Lächerlichkeit preis, erntet keine Medienschelte und begreift ihre Propaganda „mehr Chancen für die Frauen" nicht als Rotation für ständig wechselnde Partnerschaften.

Mit der Mitte muss man vorsichtig umgehen, vor allem, wenn man sich um sie bemüht oder gar zu ihr bekennt, wohlwissend dass von der Mitte die Gesellschaft politisch geführt wird. Die Besetzung der Mitte ist weniger eine Frage der Farbe, sondern des politischen Anstandes, der Fairness im Umgang mit dem politischen Gegner und des korrekten politischen Charakters. Wer das bis in die Generalsekretariate der etablierten Parteien hinein nicht begriffen hat, sollte die Mitte meiden und sich ein Randfeld suchen, auf dem es Spaß macht, sich mit Farbbeuteln gegenseitig zu bewerfen.

Mitte verlangt nach Maß und Ziel, nach „Maßhalten in all Dingen" (W. Vocke). Wo Macht aber vermessen macht und zur Maßlosigkeit ausartet, beginnt der demokratische Konkurs. Hierzu gehören geschönte Zahlen über die bestehende Arbeitslosigkeit ebenso wie heruntergespielte Staatsdefizite, fragwürdige Preissteigerungskennzahlen, abdriftende Konjunkturdaten, pessimistische Umsatzerwartungen und ein Bildungsnotstand, der uns in die Nähe lateinamerikanischer

Verhältnisse rückt. Alle vollmundig angekündigten Bemühungen haben zu keinem Ergebnis geführt. Die vermeintlichen Bündnisse für Arbeit und mehr Beschäftigung, für mehr Bildung und höhere Anreizsysteme, für ein finanzierbares Gesundheitswesen im medizinischen und landwirtschaftlichen Bereich, für ein ausgewogenes Energie- und Umweltbewusstsein, für ein mittelstandsorientiertes Steuersystem sind fehlgeschlagen und die vielgepriesene Rentenreform enttarnt sich als risikobehaftete Generationensteuer zu Lasten der jungen Mitte und zum Boom für die Versicherungswirtschaft mit ungewissem Ausgang für die Einzahler. Was bei der letzten Wahl als Tiger springen sollte, ist als Bettvorleger gelandet. Die Mitte wurde wieder einmal düpiert und lauscht nur noch dem Wohlklang der Verheißungen aus der Ferne.

Wertvolle Zeit wurde vertan. Aber das Leben im Überfluss ging weiter. Das Zuviel im Anspruch an das Machbare und Wünschenswerte, sowohl in den privaten als auch in den öffentlichen Haushalten, setzte sich ungebremst fort. Was im privaten Leben nicht gelang, konnte auch im öffentlichen Leben nicht erreicht werden. Während die private Schuldenlast für viele unzählige Haushalte ins Unermessliche anstieg, kam der öffentliche Schuldenmacher statt eines blauen Briefes mit einem blauen Auge davon. Wem letztlich damit gedient ist, weiß niemand, es sei denn, es gibt andere, die es besser machen. Mit der „Beendigung dieses unfruchtbaren Streites" (H. Eichel) ist es indes nicht getan. Politisches Versagen schadet der Mitte, auch wenn es scheinbar dem Einzelnen frommt. Was haben Zusagen, Absprachen und Erklärungen noch für eine Bedeutung, wenn man der Mitte glaubhaft machen will, dass diese für das eigene Land nicht mehr wert sind als das Papier, auf dem sie paraphiert sind.

Zählen tut offenbar nur das, was am Wahltag abgerechnet wird, unbeeindruckt der vergangenen Versäumnisse. So einfach ist das. Ballast wird dann abgeworfen, wenn es dem eigenen Höhenflug dient und die Verklappung politischen

Mülls dort stattfindet, wo stets die anderen auf Fischfang gehen.

Die Suche nach der Mitte – auch die des eigenen Lebens – ist zu einem orientierungslosen Vagabundieren geworden, ohne Ziel, ohne Inhalt und ohne Maß. Stringenz und Konsequenz werden den Namenlosen geopfert und die Beliebigkeiten den unkritischen Applaudanten feilgeboten. Neue Maßstäbe für eine andere Normalität müssen definiert werden. Hierzu gehören Eheschließungen und Ehescheidungen in der Größenordnung von Fußballergebnissen, Massenaustritte aus Religionsgemeinschaften als adäquate Antwort auf die Erhebung von Kirchensteuern, geplante und ungeplante Abtreibungen als Bekenntnisse zum (eigenen) Leben, Steuerhinterziehungen als sportlicher Ausgleich für geschröpfte Bundesbürger, Teilprivatisierung der Sozialsysteme als Entlastungs-versuch der Großindustrie mit ihren milliardenschweren Gewinnen und zusätzliche Steuerbelastungen für alleinerziehende Mütter bei ihren ohnehin nicht leichten Lebensperspektiven. Die Zahl falscher Zeitzeichen ließe sich beliebig fortsetzen, die auf die Mitte abzielt und sie verändern soll.

Den Überfluss zu stoppen, sich von der Last des Überflüssigen zu befreien, sollte nicht nur ein persönliches Anliegen sein, um wieder „in Form" zu kommen, sondern auch ein programmatischer Auftrag für alle auf die Mitte zustürmende Parteien. Hierzu reichen meist kurzfristig angekündigte Diäten und Therapien nicht aus. Fasten muss vom Kopf her kommen, wenn es nachhaltig sein soll und wieder Maß und Mitte zum gestaltbaren Lebensprinzip werden soll.

Solange aber der postfeudale Nachholbedarf zum Lebensprinzip der „politischen Klasse" (G. Schröder) erhoben wird, ufert auch das Anspruchsdenken und der Konsum in den weniger bedeutsamen Klassen unserer Gesellschaft aus und terrorisiert auch dort das „immer mehr haben wollen" mit den bekannten Folgen.

Da passt der Gedanke der olympischen Winterspiele von Salt Lake City: „light the fire within" (entzünde das Feuer in dir) genau hinein, indem er die Exzessivität jedweder Anmaßung anprangert und den fairen Wettbewerb – nicht nur den sportlichen zwischen der Jugend dieser Welt – anmahnt, um ein neues Licht in uns nach mehr Ruhe, mehr Harmonie und mehr inneren Frieden zu entfachen.

Der Rhythmus des Lebens als Pendel zwischen Feiern und Fasten, Verbrauch und Verzicht, Genusssucht und Genügsamkeit, Ausschweifung und Enthaltsamkeit ist immer auch ein Pendeln um die Mitte des Lebens. Je nach dem Grad der Amplitude als Maß für Ausschweifung und Vermessenheit ist die Entfernung von der Mitte besonders weit oder sehr nah. In der Mitte bewegt sich der Pendel nicht mehr, weil jeder seinen Standort eingenommen und zur inneren und äußeren Mitte seines Lebens gefunden hat. Das Schiffschaukelleben erheitert nur die Spaßgesellschaft. Die Zeche aber zahlt die Mitte.

Parteien, die zur inneren Reinigung nicht fähig sind, und ihre Regeneration nur im Postengeschacher ausmachen, haben in der Mitte nichts verloren. Sie haben den Anspruch auf demokratische Reputation und moralische Integrität verwirkt und sich zu dem entwickelt, wofür sie die Mitte hält: eine geschlossene Gesellschaft, deren Mitglieder es sich zur Aufgabe gemacht haben, möglichst rasch und effizient, Mittel und Macht zu privatisieren und Armut und Angst zu sozialisieren. Sie gehören längst nicht mehr zur Mitte, weil sie sich abgesetzt haben in die feudalen Randgebiete der Gesellschaft. Vielleicht verwechseln sie ja nur die soziale Mitte mit der Mitte ihrer politischen Aufmerksamkeit, die ihnen in den Randzirkeln geschenkt wird.

Seien wir also vorsichtig, wenn uns Parteisekretäre glaubhaft machen wollen, welche Farbe die Mitte Deutschlands hat. Niemand kann ausschließen, dass diese auf beiden Augen blind sind oder zumindest eine gewisse Sehschwäche haben. Im Mittelpunkt zu stehen, heißt eben noch lange nicht, in der Mitte zu sein.

ZERFALL DURCH VERSUCHUNG

Unsere Suche nach dem Zeitlosen, dem Ewigen, wird abgelenkt durch die vielen Versuchungen, denen wir täglich ausgesetzt sind. Die Versuchungen oder Verführungen läuten den Zerfall des Zeitlichen ein, in dem wir uns befinden. Die Verfallzeit unserer bescheidenen Zeitlichkeit setzt ein mit jeder Versuchung, der wir unterliegen und jedem menschlichen Anspruch, der der Ewigkeit trotzen soll. Dies wirkt sich naturgemäß auch in unserem persönlichen Dasein und in unserem Innern aus, weil der Mensch sich nicht selbst besitzen kann und nur ein Teil seiner zeitlichen Geschichtlichkeit ist.

Dieses Bewusstsein wird vor allem im österlichen Glauben neu belebt. Wir kennen im Matthäus-Evangelium das 4. Kapitel über die Versuchung, in der die Verführbarkeit des Menschen ins Zentrum der gleichnishaften Überlegungen gerückt wird. Die Zeile „führe uns nicht Versuchung" im Vaterunser mahnt bekanntermaßen unser Flehen um Widerstandskraft gegen alle Arten von Versuchungen im täglichen Umgang mit den Verlockungen dieser Zeit immer wieder an. Die Orte der Versuchungen sind sehr unterschiedlich. Im Evangelium finden wir die Wüste, die Zinne des Tempels der heiligen Stadt und schließlich den Gipfel eines sehr hohen Berges mit der herrlichen Weitsicht über alle Reiche der Erde. Die Verführungen des Bösen haben das Gute nicht besiegen können. Alle drei Prüfungen hat der Geprüfte überstanden und das Böse in seine Schranken verwiesen. Die Schlüsselerfahrungen der Versuchung haben den österlichen Glauben bestärkt: Altes wird Neu, Dunkles wird Licht, Totes steht auf zum Leben.

Diese Grunderfahrungen durchleben wir auch, wenn wir unser eigenes Leben als gläubige Christen in der Nachfolge des Lebens Christi begreifen. Auch wir durchleben die modernen Versuchungen unserer Zeit und mit dem Grad ihres Erliegens verändern wir unsere Zeitlichkeit und geben uns dem persönlichen Zerfall hin.

Die Wünsche in der Wüste, nach einer harten Fastenzeit von 40 Tagen und Nächten aus Steinen Brot zu machen sind schon sehr verführerisch und bedürfen einer gefestigten inneren Kraft, dem Zugzwang des Machbaren – insbesondere vor dem dringenden biologischen Hintergrund – nicht zu erliegen. Auch für uns ergeben sich vielfältige Versuchungen, alles zu machen, was machbar erscheint. Und die altbewährte Skatregel „Wenn Du einen kannst, dann sollst Du einen machen" scheint zur bestimmenden Regel unseres ganzen Lebens zu werden. Die Versuchungen unserer Zeit haben freilich eine andere Qualität bekommen. Es stellen sich vielmehr die Fragen: Wie gehen wir mit unserer Verantwortung gegenüber der Familie, den Mitmenschen, dem Staat, der Gesellschaft um? Wie zeigt sich unsere Solidarität in Krisensituationen? Liegt die Versuchung nicht in der falschen Suche nach uns selbst, unserer eigenen Mitte, unserem selbstgewählten Standort, der die Zeitlichkeit überhöht und die Ewigkeit ausklammert?

Das Setzen der falschen Prioritäten, in der wir glauben, alles tun zu können und alles machen zu müssen, verkennt die Einsicht, dass wir selbst nur im zeitlichen Übergang stehen und nach uns noch nicht alles beendet ist. Wir selbst sind nur eine Zwischenstation auf dem Weg durch die Zeit.

Dies gilt auch für die Überlegungen des nationalen Ethikrates, gebildet aus der Unsicherheit zu den Fragen der Bio- und Gesellschaftsethik, wie weit er versucht ist, das „Mögliche als Maßstab des Erlaubten" (L. Schwarz) zuzulassen und damit der Anmaßung unterliegt, der Zeitlosigkeit vorzugreifen. Der Mensch, heroisiert als sein eigener Schöpfer und nur durch moralische Selbstbeschränkung eingegrenzt, macht sich selbst zum bestimmenden Fatum unserer Tage. Das Machbare: „Steine zu Brot" oder „genmanipulierte Embryonen zu Menschen" zu machen, übersteigt das Denkbare und verführt die menschlichen Versuch(ung)skaninchen in die Welt der schöpferischen Machbarkeit. Ein grässlicher Gedanke, der hier wie dort dem Bösen das gesellschaftliche Parkett ebnet. Das menschliche Streben nach schöpferischer Ebenbildlichkeit ist ein gefährliches Unterfangen als Eingriff und als Angriff in einen Schöpfungsprozess, an dessen Ende der Abstand zum Bösen verloren geht und die Widerstandskraft gegen die Versuchungen des Machbaren erlahmt.

Die Gegenwärtigkeit unseres zeitlich begrenzten Augenblicks, die allzu rasch wieder zur Vergänglichkeit wird, darf uns nie den Bezug verlieren lassen, den Wirkungsgrad göttlicher Heilsordnung zu verletzen.

Die Wüstenerfahrung als Ort der Versuchung macht uns klar, dass wir letztlich allein sind und keine Ausschussmitglieder uns davor bewahren können, für unser Tun alleinverantwortlich zu sein, auch wenn im Lärm des Aktionismus die Stille der Wüste schnell übertönt wird.

Die zweite evangeliare Versuchung findet auf der Zinne des Tempels statt, einem Ort, der in der profanen Umgebung der heiligen Stadt durch keinen noch höheren übertroffen wird. Unter dem Deckmantel des Bösen soll der Absprung gewagt werden, ohne dass eine Verletzungsgefahr droht. Es ist sicherlich jemand da, der dich auffängt und deinen Fuß an keinem Steine stoßen lässt.

Das rechtzeitige Abspringen, das Überspringen alles Normalen, das Überspringen der Sprossen unserer Karriereleitern sind uns zur gewohnten Übung in den täglichen Versuchungen geworden. Die Zinne unseres Lebens möchten wir möglichst rasch, ohne Komplikationen mit der erforderlichen Unterstützung erreichen und dort solange ausharren, bis andere Versuchungen uns zu neuen Sprüngen veranlassen.

Die unersättliche Sattheit unserer Mühen steht in krassem Gegensatz zur reichen Armseligkeit unserer Glaubensgrundsätze. Wer versteht schon diesen Widerspruch, diese Naturwidrigkeit des menschlichen Zustandes: eine für Reichtum gehaltene Armut des Menschen. Unsere Erfüllung gipfelt im Blitzlichtgewitter der Fotografen, im Flutlicht der Kameras oder den Inszenierungen bei Konferenzen. Den Versuchungen, mit Halbwahrheiten zu glänzen oder Verträge zu verletzen oder Versprechungen nicht einzuhalten, sind wir ständig erlegen. Der Sprung über die Wahrheit wird zur sportlichen Übung unseres sprungbereiten Lebens und hält uns von schrittweisen Annäherungen, Dialogen und kommunikativer Aufnahmefähigkeit für unsere Umgebung ab. So werden in unserer Arbeitswelt oftmals die falschen Signale gesetzt, die wiederum über die falschen Weichen die Züge wertschöpferischer Gemeinschaften auf die Abstellgleise lenken, auch wenn der eine oder andere das Ziel seiner Reise erreicht zu haben glaubt. Der innere Zerfall findet dort Nahrung, wo die falschen Werte, die Kumpanei des Zeitlichen im Vordergrund stehen und das eigene Leben beherrschen.

In der dritten Versuchung führt der Teufel Gott auf einen sehr hohen Berg und verheißt ihm die Segnungen dieser Welt, wenn er dem Bösen huldigt. Die Versuchung zielt auf das „Haben-Wollen" ab, das der Kirchenlehrer Augustinus mit einer oberflächlichen Berührung zwischen Dingen und Person umschreibt. Das Besitzende ist für ihn ein Teilhaben und wird meist durch Kommunikation ersetzt. Der Mensch steht inmitten einer dahinfließenden Welt, und sein eigener Dynamismus zwingt ihn, von ihr Besitz zu ergreifen. Wahrer Besitz ist jedoch Befreiung von Besitz.

Das „Haben" aber im Sinne von Besitzhaben bestimmt unser ganzen Leben, löst Ehrgeiz und Neid aus und macht den Menschen zu einem entsetzlichen Leviathan. Nur ein Kniefall und du wirst reich. Was würden wir nicht alles geben, um reich zu werden. Die Hingabe an die materiellen Besitztümer verschafft Respekt (bei wem?), positioniert in dieser Welt (vor wem?) und erhöht das Ansehen (gegenüber wem?). Wenn du zum König des Geldadels wirst, hast du Macht, vielleicht sogar Vormacht. Erobere die Hitliste der Vermögenshierarchie und du wirst sehen, wie viele kniefällig werden und dich anbeten. Vergiss aber nicht, dass der Fluch des Reichtums darin liegt, dass es immer noch Zeitgenossen gibt, die reicher sind und die irdischen Mühen schon deshalb nicht lohnen.

In unserem unermüdlichen Anstieg auf den Berg unserer Reichtümer mögen wir für einen kurzen Augenblick in der Vordergründigkeit unserer Kletteranstrengungen einen herrlichen Weitblick genießen, aber in der eigentlichen Zweckbestimmung unserer Lebensbemühungen erhöhen wir in der Anhäufung unserer Reichtümer nur scheinbar die erhoffte Glückseligkeit.

Das Raffmotiv „Was wir haben, haben wir", mag zwar dem Einzelnen Vermögenswerte und Besitztümer bis in mehrstellige Milliardenhöhen bescheren, wer weiß das schon genau. Aber derjenige, der in dem Glauben lebt: was du hältst, verlierst du und was du verlierst, wirst du in dir wiederfinden, widersteht zumindest der Versuchung, dem Haben-Müssen alles zu opfern.

Der Zerfall des Einzelnen nimmt biologisch sowieso mit zunehmendem Alter exponentiell zu, vor allem dann, wenn nicht in gleichem Maße der Umstieg auf einen wichtigeren Lebensinhalt gelingt, nämlich auf die „besitzlosen" Reichtümer dieser Welt.

Die Fragen müssen lauten: Wie wehren wir erfolgreich die Versuchungen unseres Lebens ab? Wie gestalte ich mein Leben, indem ich das Machen, Springen und Haben als bösartige Versuchungen identifiziere und sie im Einklang mit mir als Geschöpf der Zeitlichkeit angemessen begegne und für mich richtig einordne? Die Waagschale des Lebens bestimmt letztlich darüber, zu wessen Gunsten und zu wessen Lasten die eine oder andere Seite ausschlägt. Mit jeder Versuchung neigt sich die Schale auf der Seite des Bösen und mit jedem Widerstehen auf der Seite des Guten.

Fastenzeit und Ostern heißen, die Waagschale des Lebens neu zu justieren, die Last unserer Menschlichkeit neu zu begreifen. Es gibt keinen Abschied von den verlockenden Versuchungen. Der Mensch bleibt immer in der Testphase verführender Versuchungen und im Kraftfeld ihrer positiven und negativen Magnetströme. Suchen und Versuchtwerden stehen immer in einem diabolischen Zusammenhang, auch wenn manches nicht erkannt, verschüttet oder bewusst ignoriert wird.

Der Versuchung zu widerstehen, ist der Weg zu unserem Ostern, zu unserem Licht und zu unserem Auferstehen. Nicht das Leiden suchen oder sich in selbstquälerischer Lebensmystik zu ergehen, ist die geeignete Antwort auf die gestellten Fragen, sondern unsere eigene Passion zu finden, in der wir unsere Durchhaltekraft schaffen und eigene Klarheit gewinnen für die unverwechselbaren Situationen des menschlichen Lebens und seiner Versuchungen.

Dies schafft die richtige Entscheidung in der „Wüste" unseres Lebens, dies relativiert die „Zinne" unseres Erfolges und dies reduziert die Möglichkeiten aus der Weitsicht unseres „Berges", den Begehrlichkeiten unermesslichen Reichtums zu widersagen und den wahren Besitz, auf den es in der zeitlich bemessenen Endlichkeit unserer Bestimmung ankommt, anzustreben.

Das Bitten um Erlösung vom Übel der Versuchung ist dann nicht mehr ein bloßes Bewegen der Mundwinkel, sondern ein ehrlich gemeintes Gebet um Kraft und Besserung bei den vielen Fehlversuchen zur Überwindung der eigenen Unzulänglichkeiten.

GUT VERSORGT?
MAGIE UND MYSTIK DER
SOZIALEN SYSTEME

Ein neues Klassendenken schafft ein neues Kostendenken. Im Rahmen der sozialen Systeme wurden vor dem Hintergrund leerer öffentlicher Kassen Reformüberlegungen angestellt, wie die breite Bevölkerung an der Finanzierung ihrer eigenen Rente beteiligt werden kann. Der jahrelange Slogan „Die Rente ist sicher" erhielt die nicht unwichtige Ergänzung „aber nur solange der künftige Rentenanspruch des Einzelnen von ihm mitgetragen wird".

Der ökonomische Hintergrund ist neoliberal. Der Wirtschaft sind weitere Kostensteigerungen im Bereich der Lohnnebenkosten nicht mehr zu zumuten. Um die zukünftigen Renten finanzieren zu können, müssten die Beiträge, also die Abzüge von Löhnen und Gehältern von 11% auf 11,8% auf beiden Seiten, bei Arbeitgebern und Arbeitnehmern, steigen. Eine Anpassung von 0,8% schien die Unternehmerseite, jedoch zu hoch zu belasten. Sie würde zu einer existentiellen Bedrohung und zu einer nachhaltigen Verschlechterung der Wettbewerbsfähigkeit auf den internationalen Märkten führen. Den abhängig Beschäftigten hingegen waren weitere 4% Einkommensabzüge zur Sicherung ihrer Rente im Rahmen ihrer privaten Altersvorsorge ohne weiteres zumutbar.

Der demographische Hintergrund ist kontraproduktiv. Immer mehr Menschen werden immer älter und erreichen die magische Grenze von 100 Jahren inzwischen zu Tausenden. Höherer Wohlstand, verbesserte medizinische Versorgung, bessere Lebensbedingungen, um aktiv alt zu werden und ein selbstbewussteres Auftreten in der Gesellschaft lassen das Altwerden „lohnend" erscheinen. Die Dauer der Rentenbezüge strapaziert damit die Rentenkassen und verlangt nach ihrer Entlastung.

Diese „sozial ausgewogene" Rentenpolitik hat freilich nur bei oberflächlicher Betrachtung Applaus verdient. Sie unterliegt vielmehr einem unethischen Zeitgeist, der die Kleinen zur Kasse bittet und die Großen unbehelligt davongehen lässt. Wie ist die Versorgung unserer gesellschaftlichen Eliten strukturiert?

Die vornehmste und elitärste Klasse ist das freie Unternehmertum, und an seiner Spitze die Großkonzerne der Global Player mit ihren Topmanagern im Industrie- und Dienstleistungssektor. Hofiert auf allen politischen Bühnen, begünstigt durch Subventionen und Steuernachlässe verflüchtigt sich das z. T. pomadige Klientel mehr in „Gelben Blättern" als auf „Gelben Seiten" und demonstriert ihre Qualität mehr im Schutz kartellrechtlicher Abschirmungen als durch visionäre Zukunftsperspektiven mit entsprechenden Markteinschätzungen.

Die Versorgung der Topmanager ist exzellent. Die Dauer ihrer Selbstversorgung bemisst sich nach dem Grad der Tolerierung ihrer Vertragsausübung, die oftmals nur wenige Jahre intensiver Führungsarbeit gestattet, um anschließend in Aufsichtsräten und Beiräten ihre Bonifikationen weiter einzustreichen. Die Versorgung in Form von unternehmensseitigen Pensionszusagen erreichen nicht selten astronomische Höhen, so dass der Ankerplatz ihrer Motoryachten im Mittelmeer oder anderswo auf Jahre gesichert ist.

Diese Edelkaste bewegt sich jenseits jeder normalen Rentenüberlegung und traditioneller Altersvorsorge und kann getrost aus den weiteren Finanzierungsüberlegungen der Sozialsysteme ausgeschlossen werden.

Als nächste Klasse in der Hitliste der Versorgungsempfänger rangiert die „politische Klasse" (G. Schröder), sozusagen als selbsternannte gesellschaftliche Gruppierung. Sie wird bestimmt durch das politische Beamtentum, jenen kleinen und großen Abgeordneten oder Renegaten, die vorgeben, sich für das Gemeinwesen verantwortlich zu fühlen. Ihre Versorgung kann seit Jahrzehnten als „de luxe" bezeichnet werden. Die Pensionsbezüge sind vom Feinsten. Hohe Übergangsgelder, ein undurchschaubarer An- und Abrechnungsdschungel vergangener Ämter, Zurechnungszeiten angestauter Ansprüche versetzen selbst Parlamentsverwaltungen in Erstaunen und sorgen dafür, dass der allgemeine Rentenkonsens ohne ihr Zutun stattfindet.

Wahlbeamte beziehen ihre Gelder aus dem Umlageverfahren, ohne dass sie jahrzehntelange Anwartschaften erarbeiten mussten. Ihre Dotationen bemessen sich nicht nach dem Kapitaldeckungsverfahren, nach welchem sie eigene monetäre Versorgungsleistungen zu erbringen haben. Sie strapazieren ausschließlich die gegenwärtige Generation, auf die die Zahlung der Beamtenbezüge, quasi direkt, umgelegt wird. Die entsprechenden Versorgungsgesetze begünstigen damit diejenigen, die sie beschlossen haben. Die Rentenreform findet daher ohne Mitwirkung der Polit-Beamten und ohne persönliche Versorgungseinbußen für sie selbst statt. So einfach ist das, wenn man bedenkt, dass nur über die Einkommen der Mitversorger beschlossen wird.

Also, die gegenwärtige Erwerbsbevölkerung bezahlt über das Umlageverfahren direkt die fürstlichen Pensionen aus ihren laufenden Einkommensbelastungen an die Politgrößen. Dadurch findet auch keine Gefährdung ihrer Versorgung durch Geldentwertung oder Ausfall statt, weil der inflationäre Ausgleich direkt durch entsprechende Anpassungen vorgenommen wird.

Niemand dieser Versorgungsgünstlinge hatte bisher moralische Bedenken gegen diese Versorgungspraxis erhoben und sich gegen Geschwindigkeit und Höhe der Versorgungsexplosionen gewehrt. Für die eigene Versorgung wurde niemals das eigene Portemonnaie bemüht, sondern immer nur die Last den Schultern der breiten Bevölkerung auferlegt; getreu dem Motto: Was gehen mich die Schmerzen der anderen an oder mit anderen Worten: Wer das Kreuz hat, segnet sich zuerst.

Als weitere Klasse in unserem sozialen Kastensystem kann aus Gründen der Versorgungssicherheit und der Komfortabilität, freilich in abgespeckter Form gegenüber den Wahlbeamten, das Berufsbeamtentum angesehen werden. Die Beamten sind in hohem Maße die Sozialgewinnler in der Vergangenheit, auch wenn verbandsseitige Statistiken das Gegenteil behaupten. Dies gilt besonders wieder für die höheren Ebenen der Staatsdienerschaft, die ähnlich wie die Polit-Beamten über das Umlagesystem von den gegenwärtigen Versorgungsregelungen profitieren. Sie zahlen keine eigenen Beiträge zum Aufbau einer Altersversorgung, aus deren Kapitalstock sie einen Teil ihrer Pensionen entnehmen können. Im Vergleich zu den „normalen" Rentenempfängern sind sie während ihrer Tätigkeit von Pflichtbeiträgen in die gesetzlichen Rentenversicherungen freigestellt und unterliegen somit keinem Beitragszwang. Ihre Versorgung ist wie bei den Wahlbeamten ebenfalls dynamisiert und damit keinem Inflationsrisiko unterworfen. Auch nach der Rentenreform bleibt es dabei, dass die Staatsdiener über das Umlageverfahren so versorgt werden, dass sie weiterhin von etwaigen Belastungen verschont bleiben.

Fragen zur Sozialgerechtigkeit einer versorgungsadäquaten Solidargemeinschaft aller Bürger wurden bisher nicht gestellt und sind auch höchst unerwünscht. Aus Sicht der einmal erstrittenen Begünstigungen ist das auch sehr verständlich. Wer gibt schon gerne ab, was er bereits erworben hat oder erworben zu haben glaubt? Gleichwohl dürfen derartige Überlegungen für die Zukunft finanzierbarer Sozialsysteme nicht ausgespart werden, wenn in einem Versorgungskonsens alle

Verfahren und Systeme auf dem Prüfstand stehen, damit eine wirklich sozial verträgliche Finanzierbarkeit der gesamten Renten auf Dauer gesichert wird.

Denkbar wäre zumindest eine umlagefinanzierte Grundversorgung als Basisrente für alle, die durch kapitaldeckende Individualversorgung zu ergänzen ist. Vielleicht sorgen dann Veränderungen im Versorgungsdenken vieler Beamten für ein verbessertes Dienstleistungsklima im Umgang mit Bürgern und deren Geldern. Sie werden dann selbst Teil eines Systems, für die sie letztlich finanzielle Mitverantwortung tragen.

Die bisherige Umlagefinanzierung von Beamtenpensionen hat jedenfalls nicht zu deren erkennbaren Dankbarkeit, Höflichkeit und Hilfsbereitschaft gegenüber der sie finanzierenden Gemeinschaft geführt.

Als vierte Klasse im Sinne der Qualität der Versorgungsstandards innerhalb der Sozialsysteme rangiert das Heer der fleißigen Erwerbstätigen, jener Kaste, deren Geld vereinnahmt und verteilt wird und deren Renten es zu reformieren gilt. Die Sozialkaste der Angestellten und Arbeiter muss bekanntlich für ihre eigene Versorgung aufkommen und kann nicht auf laufende Einzahlungen der gegenwärtigen Generation im direkten Wege zurückgreifen. Über die zeitliche Distanz ihrer beruflichen Tätigkeiten sammeln sie Anwartschaften durch unterschiedliche Beitragsstaffelungen mit den damit verbundenen Höhenunterschieden bei ihren späteren Rentenbezügen an. Das Heer der Berufstätigen muss so seine Versorgung über gesetzliche oder freiwillige Kapitaldeckungsverfahren sicherstellen und für den Lebensabend Vorsorge treffen. Da aber die gesetzliche Rentenversicherung zur Aufrechterhaltung eines bestimmten Lebensstandards im Alter nicht mehr ausreicht, wurde ein Modell entwickelt, bei dem die künftige Altersversorgung der Rentenbezieher sich auf mehrere Säulen abstützen soll. Mit den drei Säulen: Gesetzliche Rentenversicherung, Betriebsrente und private Altersvorsorge hoffen die Rentenreformer, den richtigen Weg für die Versorgung der künftigen Generationen eingeschlagen zu haben. Mitnichten.

In der Theorie der Sozialrenten mögen diese Überlegungen mathematisch aufgehen, die Praxis indes sieht anders aus. Spätere Auszahlungen entsprechen nur dann den Erwartungen, wenn diese durch entsprechende höhere Einzahlungen auf Dauer gesichert sind. Bei der wachsenden Zahl der zu erwartenden Rentner – der Überhang neu eintretender Rentenempfänger gegenüber jungen Zahlern beträgt zur Zeit pro Jahr etwa 200.000 – kann dieses System nicht funktionieren. Das Versorgungsdilemma tritt in dem Moment ein, wo die Solidarität der Generationen nicht mehr greift. Kein Pensionssystem entkommt der Solidarität generationsübergreifender Unterstützung. Niemand, erst recht nicht die Luxusbeamten der politischen Klasse, können auf die Solidarität der Einzahler verzichten, weil gerade sie ihr Geld direkt von ihnen beziehen.

Unstreitig ist, dass das Umlageverfahren zu erheblichen Finanzierungsproblemen führt, weil demographisch gesehen zu viele Alte auf zu wenige Junge treffen oder klassentypisch zu teure Pensionen von zu wenig produktiv Tätigen aufgebracht werden müssen oder verteilungspolitisch gesehen die Lohnentlastungen der Unternehmer im Verhältnis zum Konsumverzicht oder Ersparnisrückgang der Einzahler eher kontraproduktive Wirkungen haben.

Vordergründig erscheint eine Entlastung der Sozialbudgets sicherlich unausweichlich. Die Frage ist nur, wem die Belastungen aufgebürdet werden.

Was nützen den Rentnern die Milliardengewinne der weltweit agierenden Großkonzerne, wenn die Mehrheit der diese Erträge erarbeitenden Beschäftigten nicht in den Genuss ihrer Leistung kommt und überdies Gefahr läuft, neben ihren

Einkommenseinbußen auch noch spätere Auszahlungsrisiken hin zu nehmen.

Das hochgelobte „Drei Säulen Modell" ist nur solange unangreifbar, wie alle Versorgungsempfänger in die Versorgungsstrategie, d. h. in das soziale System miteinbezogen und ihre Einzahlungsverpflichtungen neu definiert werden. Dies gilt in erster Linie für die Mitverpflichtung der Elitekaste und ihrer sozialen Verantwortung; aber auch für die beiden Beamtenkasten mit ihren versorgungsbezogenen Freistellungen. Der Fortbestand eines gesunden sozialen Systems kann nicht allein auf den Rücken der Rentner und solchen, die es einmal werden wollen, geschultert werden. Hier muss das gesamte Gemeinwesen solidarisch ihren Beitrag zur Sicherheit aller künftiger Versorgungsleistungen erbringen. Soziale Diskriminierungen darf es angesichts der enormen Herausforderungen nicht länger geben. Das Risiko darf nicht jenen übertragen werden, die sich am wenigsten wehren können und per legem das schwächste Glied in der Kastenkette sind.

Wer Verantwortung ausübt, muss auch eine Antwort auf die gestellten Fragen geben, vor allem dann, wenn ihre Ergebnisse zur hypothekarischen Belastung künftiger Generationen werden.

In der letzten Klasse unseres Sozialsystems befinden sich naturgemäß die sozial Schwachen, die Hilfebedürftigen und die Grenzgänger der Gesellschaft, die verschuldet oder unverschuldet, in Not geraten sind und unsere sozialen Segnungen in Anspruch nehmen. Sie werden ebenfalls über das Umlageverfahren, also direkt von der produktiv arbeitenden Bevölkerung finanziert. Der Aufbau eines eigenen Kapitalstocks reicht bei den meisten von ihnen nicht aus, um auch nur einen Teil der anfallenden Mittel abzufedern.

Es kommt darauf an, den sozial bedingten Generationenkonflikt zu vermeiden, in dem jede Generation auch jenes

Maß an Belastungen für künftige Versorgungen zu leisten hat, das sowohl von ihrer Arbeitsproduktivität als auch von der Kapitalproduktivität des eingesetzten Kapitals abverlangt werden kann. Es besteht keine Veranlassung, zur Schonung des Finanzkapitals der Banken und der Versicherungen, der Chemie- und der Pharmaindustrie, der Automobilriesen und der Metallunternehmen und vieler anderer Champions, darauf zu verzichten, dass sie auch ihrer gesamten sozialwirtschaftlichen Verpflichtung zur Abstützung der sozialen Systeme in Deutschland gerecht werden. Sie haben sich einem Corporate Citizenship oder einem Corporate Socialship genauso zu stellen, wie alle anderen Beitragszahler auch und können sich nicht mit dem Hinweis, ihre Aktionäre verlangten höhere Renditen oder mit der Drohung, man werde andernorts investieren und dort Arbeitsplätze schaffen, aus ihrer Verantwortung davon stehlen.

Leider führen die Freiwilligkeit mancher Betriebsrenten und ihr Aussetzen in Zeiten unternehmensspezifischer Liquiditätsprobleme nicht selten dazu, dass mit Rentenbeginn auch auf diese Säule kein Verlass ist. Denn im Ernstfall ist den Unternehmern die Sorge um den Bestand des eigenen Unternehmens näher als die Rentenverpflichtung gegenüber längst im Ruhestand befindlichen Ehemaligen. Dies kann aber die Kalkulationsgrundlage für die Altersversorgung erheblich belasten und für viele Versorgungsempfänger massive Einschränkungen bedeuten. Auch hier müssen in Zukunft gesetzliche Zwänge greifen. Und es darf nicht den jeweiligen Geschäftsleitungen überlassen bleiben, die Gelder nach Gutsherrenart zu behalten und den Arbeits- und Sozialgerichten die Aufgabe zu übertragen, die Rechtmäßigkeit ihres Handelns zu überprüfen, und zwar solange, bis die Kläger sowieso das Zeitliche gesegnet haben.

Nein, alle Modellüberlegungen, die nicht auf Solidarität aller Versorgungsträger und -empfänger aufbauen, stehen auf wackligen Füßen. Auf der Suche nach sozialer Gerechtigkeit darf natürlich die Rentenbesteuerung nicht ausgeblendet werden. Während Pensionäre auf ihre Altersbezüge Einkommensteuer zahlen, sind die Renten weitgehend steuerfrei gestellt. Besteuert wird hier nur ein auf 27% festgelegter Ertragsanteil, der als eine Art fiktives Zusatzeinkommen faktisch zu keiner Steuerzahlung führt. Im Falle einer nachgelagerten Besteuerung der Renten, d.h. volle Besteuerung der Renten im Alter und steuerfreie Einzahlungen während der Beitragszeit, würde dies einer Angleichung an die Pensionsbesteuerung gleichkommen, aber nur dann, wenn auch Pensionsbeiträge während der aktiven Dienstzeit von den Beamten erhoben würden. Erst dann greift die Solidarität aller Berufstätigen, unabhängig vom Berufsstand, ob gewählt oder erarbeitet, und schafft eine Solidargemeinschaft, die nolens volens in einem Boot sitzt, dessen Kurs nur sein Ziel erreicht, wenn es unterwegs nicht leck schlägt, die Winde genutzt werden und alle Insassen mitmachen.

Ein weiterer wichtiger Aspekt bei der Modellbetrachtung um den Aufbau und die Risikoüberlegungen der künftigen privaten Altersvorsorge ist, dass mit jeder Einzahlung persönlicher Versorgungsbeiträge an die empfangenden Geldsammelstellen, wie Immobilien-, Investments- oder Pensionsfonds, der Anleger zum Teilnehmer an den internationalen Finanzmärkten wird. Er wird von den volatilen Marktschwankungen abhängig und unterliegt dem Interessensfeld der dort handelnden Akteure. Immerhin besitzen die größten Pensionsfonds inzwischen Buchgeld in der Größenordnung von rd. 13.000 Mrd. US-Dollar, wobei ihr Vermögen gegenüber den anderen privaten Institutionen allein in den letzten fünf Jahren um das Doppelte gestiegen ist.

Auch die Angstempfindungen spielen bei der privaten Zusatzabsicherung eine nicht unbedeutende Rolle. Nach dem Motto: Wenn Du jetzt nicht investierst, hast Du im Alter keine Versorgung, entsteht für viele Menschen ein nicht unerheblicher Druck auf die Sorgen im Alter. Die Gazetten sind voll von falschen Empfehlungen und viele Anlagewillige sind überfordert, die richtige Wahl zu treffen, weil ihnen die Kenntnisse fehlen und sie den Überblick nicht haben. Hinzu kommt, dass z. B. alleinerziehende Mütter, niedrige Einkommensbezieher, aus dem Arbeitsprozess inzwischen Ausgeschiedene, kaum noch neue Lasten tragen können, wohlwissend, dass sie im Alter unter die Sozialhilfe fallen.

Angesichts der risikolosen Pensionsbezüge von Wahl-, Polit- und Berufsbeamten ist die Absicherung der künftigen Altersbezüge von Arbeitern und Angestellten, z. B. in Pensionsfonds zudem mit erheblichen Anlagerisiken verbunden. Denn die mächtigen Pensionsfonds sind nicht zimperlich im Umgang mit renditeschwachen Weltkonzernen. Sie ziehen ihr Kapital ab, ruinieren Arbeitsplätze und Kapitalanleger und investieren nur dort, wo ihnen die Performance der neuen Geldanlage am lukrativsten erscheint. Dies kann zwar für den Fondsinhaber aus Renditegründen wünschenswert sein, am Ende aber leidet darunter die Stabilität der Anlage mit der Folge unvorhersehbarer Kursschwankungen und Auszahlungsrestriktionen, vor allem dann, wenn das Geld benötigt wird. Niemand, am wenigsten den Rentenbeziehern ist damit gedient, wenn sie am Ende ihrer beruflichen Tätigkeiten vor den Trümmern ihrer erhofften Geldanlage stehen und keine Rente erhalten.

Dies war im Oktober 1987 der Fall, als die Weltbörsen zusammenbrachen, und neun Jahre später, als die nächste große Spekulationskrise mit weiteren kleinen Crashes folgte: In Japan gingen drei private Rententräger pleite, andere Versicherungen konnten aufgrund miserabler Kapitalerträge nur noch die halben Erträge an ihre Versicherten auszahlen.

In England, wo die Hälfte der Rentner unter der Armutsgrenze lebt, wurde schließlich die älteste Lebensversicherung zahlungsunfähig, ohne dass die staatliche Aufsichtsbehörde eingreifen konnte, und der Staat die Ausfallhaftung übernehmen musste, um Schlimmeres zu verhüten.

Auch in anderen Staaten gab es Vabanquespiele der Pensionsfonds, die Steuergelder erforderlich machten, um die Mindestversorgung ihrer Anleger sicher zu stellen.

Der Staat darf sich nicht endgültig aus der privaten Pensionsverpflichtung ausklinken. Seine Ausfallhaftung wird zumindest dann erforderlich, wenn durch unqualifiziertes Management der Ausfall eines Rententrägers festgestellt wird und die betroffenen Versicherten unzumutbare Einbußen hinnehmen müssen. Andernfalls macht die derzeitige steuerliche Förderung der privaten Alterssicherung keinen Sinn. Den Rentnern der nächsten Jahre und Jahrzehnte ist nur ein Versorgungskonzept zuzumuten, dem sie auch im Alter vertrauen können und das nicht der Willkür der Märkte unterliegt.

Höhere Marktrenditen verlangen nach höheren Preisen. Höhere Preise sind aber Kosten für diejenigen, die sie zahlen müssen. Wenn nun renditebewusste Pensionsfonds stets ihre Kapitalanlagen unter diesem Gesichtspunkt favorisieren, laufen ihre Kunden Gefahr, dass viele Gelder spekulativ angelegt und dass zum Zeitpunkt der Ausschüttung die Marktkurse unter Umständen niedrig, die Renditen uninteressant und Auszahlungen gefährdet sind. Dies würde in ein verteilungspolitisches Abenteuer einmünden, das dem Sinn des Kapitaldeckungsverfahren eindeutig entgegenläuft und die Generationen unterschiedlich belastet.

Es wäre ja geradezu ein Akt der Selbstgefährdung, wenn Pensionsfonds aus Kostenersparnisgründen zu Entlassungen von Beschäftigten antreiben würden, um die Renditen der eigenen Anlagen bei solchen Unternehmen zu steigern. Die Beschäftigten wären dann selbst Opfer ihrer eigenen Versorgungsperformance via Pensionsfonds. Ängste, Bedenken, Einwände, Erfahrungen verlangen nach tiefer Skepsis und steigern die Sorge um mögliche Krisen nach einer eigenen Rhetorik und Didaktik. Die systematische Suche nach höchster Kursentwicklung, optimaler Rendite, günstigen Preisen, zauberhaften

Mieten dürfen daher nicht den vordergründigen Verlockungen der Fondsmanager unterliegen.

Gleichwohl müssen Lösungen gefunden werden, die vor dem Hintergrund nachlassender Rentenzahlungen wirksam greifen, wenn nicht

- die Rentenanwartschaft um einige Jahre hinausgezögert,
- die Rente erheblich gekürzt,
- die Einzahlungen im Rahmen des Umlageverfahrens erheblich gesteigert oder
- der Staat eine inflationäre Politik betreiben soll, um gutes Geld mit schlechtem zurück zu zahlen.

Wenn diese Alternativen als Antwort nicht infrage kommen sollen, dann hat der Staat auch eine Verpflichtung, im Rahmen seiner Aktivierungs- und Motivationskampagne für den Aufbau einer privaten Altersvorsorge, diese „mündelsicher" abzustützen, damit im Ausfall die Anleger schadensfrei gehalten werden.

Soziale Systeme vertragen keine Magie und keine Mystik. Das Ersparte ist zu wertvoll, um es Konzepten anzuvertrauen, die nicht ausgewogen und zu risikoreich sind und falschen Versprechungen oder irrealen Wunschvorstellungen nachhängen.

Angesichts der demographischen Deckungslücke gewinnt die Zuwanderungsproblematik besondere Bedeutung und es wäre fatal, ein so zentrales Thema auch für die Rentensysteme in Deutschland den Befindlichkeiten unentschlossener Sozialpolitiker zu überlassen. Insbesondere sollte man nicht über Vollbeschäftigung in absehbarer Zeit räsonieren, wenn die Zahlen der Erwerbslosigkeit wie Wasserstandsmeldungen nach Unwettereinbrüchen täglich steigen. Mit optimistischen Durchhalteparolen ist dem Versorgungssystem freilich auch nicht gedient. Und es hilft ihm auch nicht, wenn die staatliche Förderung wiederum jene am meisten begünstigt, die sowieso gut verdienen und andere nahezu leer ausgehen lässt, die wenig verdienen. Arbeitslose erhalten erst gar keine Zulagen.

Wir sollten uns nicht einem Versorgungssystems wie in Chile nähern, wo eine durchschnittliche Lebenserwartung von 75 Jahren zugrunde gelegt wird und private Ersparnisse nur der Versorgung bis zum Erreichen dieses Alters angehäuft werden. Danach erhält der Rentner nur noch eine staatliche Mindestrente von rd. 110 Euro, was bei uns nicht einmal ein Fünftel des Tagessatzes eines Krankenhausaufenthaltes entspricht. Zudem zahlen dort nur die Arbeitnehmer in das Rentensystem ein, während die Unternehmer von allen Beitragszahlungen befreit sind. Ein vielleicht auch für Deutschland interessanter Vorstoß, um die unerwünschten Lohnnebenkosten des freien Unternehmertums in Grenzen zu halten?

Wer gut versorgt ist, sollte auch an andere denken. Oder ist dieses ethische Unterfangen längst aus unserem moralischen Wertekatalog gestrichen, in dem nur noch Selbstbedienung und Fremdversorgung Platz haben?

Bringen wir uns in Erinnerung, dass nach den Katastrophen des vergangenen Jahrhunderts trotz schlechter demographischer Prognosen die Sozialsysteme funktionierten, nur war möglicherweise der Zeitgeist damals ein anderer.

EIN BEICHTSTUHL FÜR DIE KIRCHE

Es ist leicht, über die christlichen Kirchen in Deutschland zu schimpfen und sich über ihr Verhalten im Tagesgeschäft zu ärgern.

Bischöfe werden der sexuellen Zuneigung zu Knaben, Männern und Frauen bezichtigt. Mitglieder des Domkapitels ratschen haarscharf an einer Falschaussage oder gar an einem Meineid vorbei. Theologen unterwerfen sich dem Zölibat, aber nicht der Keuschheit. Postenbesetzungen und -enthebungen finden nach Gutsherrenart statt, und Gelder in Millionenhöhe werden verjubelt oder versickern in unkontrollierten Kanälen. Controlling nach Kirchenart oder Management by spiritus sanctus.

Die Frage stellt sich, ob die Kirchen sich genauso im Strom der Zeit, mit der vorherrschenden Verantwortungslosigkeit, der Unglaubwürdigkeit und den revisionsbedürftigen Lebensauffassungen bewegen, wie in anderen gesellschaftlichen Bereichen auch. Viele Kirchenmitglieder stellen die Glaubensfrage und suchen vergeblich nach dem eigentlichen Auftrag der Kirchen in unserer Zeit.

Haben die Kirchen etwa aus ihrer eigenen Kirchengeschichte nichts gelernt? Spielen Sie mit der Angst, insbesondere der ältern Menschen, ihr Seelenheil zu verwirken, wenn sie nicht bei der Stange bleiben? Fühlen sich die Gläubigen nicht vielfach entmündigt, wenn es um die Strategie „ihrer" Kirche geht, bei der ihr Mitspracherecht ebenso wenig zählt wie in totalitären Staatsgebilden? Was unterscheidet die Struktur der Kirchen, besonders der katholischen Kirche, von anderen Einrichtungen, in denen demokratische Prinzipien vorherrschen?

Wie weit hat sich die Kirche von der Frohbotschaft der Evangelisten entfernt und sie zur Drohbotschaft für die Getauften fortentwickelt? Was kann uns Kirche noch geben, wenn sie als Organisation versagt?

Wenn wir heute von Kirche sprechen, sprechen wir von der Kirche in ihrem dreifachen Erscheinungsbild: Kirche als Geheimnis, Kirche als Gemeinschaft und Kirche als Gebäude. Alle drei Sinngebungen werden rasch miteinander vermengt und bilden immer wieder den Grund für Missverständnisse und unüberbrückbaren Differenzen bis hin zu blutigen Auseinandersetzungen.

Die Kirche als Geheimnis ist das eigentliche Fundament unseres religiösen Glaubens, unserer Gewissensausrichtung und unseres Sendungsbewusstseins. Das mysterium mortis als Geheimnis der Christen ist die Basis menschlicher Existenz und Inhalt unseres Daseins. Es ist unstreitig, da nur die Glaubenden mit ihrem Glauben danach leben, unabhängig wie der kirchliche Oberbau damit umgeht und glaubwürdig Geheimnis und Sakramente vorlebt und nachvollzieht. Das Glaubensbekenntnis hat nur Bedeutung für den Einzelnen in seiner ureigensten Beziehung zu Gott; es ist immer nur für den Einzelnen gültig und wird nicht durch Versäumnisse und Fehler von Klerikern und Kirchenlehrern erschüttert. Weltkirche verbindet die im Glauben Verbundenen und macht sie zu einer Organisationseinheit mit hierarchischen Strukturen. Das Geheimnis des Glaubens gründet sich im Nachvollzug des Lebens Jesu Christi und nicht im Organisationsmissbrauch der Kirchenfunktionäre.

Organisation aber fußt auf menschlicher Gemeinschaft, der zweiten Säule kirchlicher Existenz. Gemeinschaft hat mit Menschen und Hierarchien zu tun, die sich mehr oder weniger strenge Regeln auferlegen, um die Organisation effizient und schlagkräftig zu machen. Kirche als Gemeinschaft der Gläubigen hat über viele Jahrhunderte Segen gespendet und

Unsegen verbreitet, Vertrauen missbraucht und Misstrauen abgebaut, Frieden gestiftet und Kriege angezettelt. Die Geschichte der Kirche ist eng mit der Geschichte der Völker und ihrer Gläubigen verbunden und sie unterliegt dem gleichen Urteil wie andere Geschichtsschreibungen auch.

Priester, Ordensleute und geistliche Würdenträger haben mit unterschiedlichem Engagement und verschiedenem Erfolg ihres Wirkens über die Zeiten hinweg gesündigt, gefehlt oder auch segensreich gewirkt, wie andere, an anderer Stelle, mit anderen Aufträgen dieses genauso getan haben.

Und Heilige bewegten sich nicht nur in Kutten oder prachtvollem Ornat, sondern auch in der Erbärmlichkeit zerlumpter Kleidung oder geschäftlichem Outfit. Allen indes ist gemeinsam, dass ihnen der Gang in den Beichtstuhl nicht erspart bleibt.

Die Kirchen haben es geschickt verstanden, ihre finanzielles Überleben auf die mannigfaltigste Weise zu sichern und ihren Reichtum zu mehren. Die heutigen Ersatzreligionen des Kapitalismus spiegeln sich indes in der Ausbeutung des totalen Marktes wider. Davon können sich auch die traditionellen Kirchen nicht ganz ausnehmen. Es ist unverkennbar, dass die Lebenswelt mit ihren natürlichen Ressourcen durch den Sieg des alles bestimmenden totalen Marktes ausgebeutet wird. Aber wehren sich die Kirchen genug, dieser Totalität des Marktes zu widerstehen?

Die ökologische Umwelt unterliegt seit vielen Jahren einem kaum reversiblen Raubbau, der durch die Maßlosigkeit der Globalisierung noch gesteigert wird. Und es ist nicht darum getan, den Schuldigen als allmächtigen Einzeltäter auszumachen, dem die Ohnmacht der widerstrebenden Verantwortlichen gegenübersteht, so als wäre es nur eine Verteilung der Machtfrage und schon sei alles besser. Nein, das Sündenregister für den Beichtstuhl unserer Tage wird bestimmt durch die Tatsache, dass alle gesellschaftlichen Gruppierungen und damit auch die Kirchen ihren zivilisatorischen und kulturellen Auftrag in dieser Welt neu definieren müssen. Dies beginnt in der Umsetzung sozialenzyklischer Inhalte im Kirchenalltag genauso, wie in der Auslegung der oboedientia vor Gewissensentscheidungen oder dem Kaschieren oder Verschweigen sündhafter Vergehen als gewohnter Umgang kirchenprozessualer Auseinandersetzung.

Die Kirchen haben es auf dem Weg durch die Zeit nicht verstanden, einen Glaubensbeitrag zu liefern, der die Ungerechtigkeiten in dieser Welt beendet und die damit verbundenen sozialen Ungleichgewichte beseitigt. Am Ende einer zweitausendjährigen Geschichte muss die Frage erlaubt sein, ob die Glaubensarmut nicht mit dem materiellen Reichtum der Kirche korreliert, und dass eine Rückkehr zu den Wurzeln christlichen Glaubens nur im Wege der Selbstbesinnung auf die künftige Ausrichtung der Kirchen möglich ist?

Argumente wie: die Kirchen sind der zweitgrößte Arbeitgeber in Deutschland, sie locken jedes Wochenende Millionen von Besuchern in die verschiedensten Kircheneinrichtungen, helfen im sozialen und karitativem Umfeld, sind Träger großer Bildungseinrichtungen, Akademien und Schulen, unterstreichen nur das weite Feld, auf denen sich die Glaubensbrüder im dahinfließenden Zeitstrom ausgeweitet haben. Aber ist dieser Expansionsdrang in jedem Fall sinnvoll oder ist nicht die Rückbesinnung auf die Kernfunktionen der Kirche ein unabdingbares Muss, wenn sie nicht ihre eigene Glaubwürdigkeit aufs Spiel setzen will? Die Vergangenheit jedenfalls hat vielfältig gezeigt, dass die Kirche dort scheitert oder Millionen an Kirchengeldern verliert, wo sie das Terrain ihres eigentlichen kirchlichen Auftrages verlässt und ahnungslos sich profanen Partnern anvertraut.

Wer sich der Milderung der Armut dieser Welt verschrieben hat, sollte nicht mit den Promillesätzen prahlen, die aus dem eigenen Wohlstand in die Reisnäpfe der Ärmsten fließen. Wenn nur der Zehnte, von den Gläubigen abverlangte Kirchenbeitrag, auch von der Kirche an die Ärmsten selbst abgegeben würde, ließen sich Kindersterblichkeit und Verbreitung von Krankheiten in der Dritten Welt erheblich eindämmen.

Verlangen wir nicht zuviel von der Kirche. Aber es klingt schon befremdlich, wenn aus der persönlichen Schusslinie befreite Würdenträger sich zu Weltverbesserern und Moralaposteln aufschwingen, nachdem sie jahrzehntelang im vorauseilenden Gehorsam und ahnungsloser Vertrauensseligkeit ihrer engeren Umgebung freien Lauf ließen. Es ist den Geretteten leicht, den Schiffbrüchigen zuzurufen, den Mut nicht zu verlieren und sich über Wasser zu halten, bis Rettung kommt. Der Ruf nach einer neuen Ordnungspolitik für das Chaos dieser Welt verhallt tonlos, wenn nicht ihre Absender vor ihrer eigenen Haustür mit ihrer praktischen Umsetzung beginnen und die Adressaten erkennen, dass den salbungsvollen Parolen entsprechende Taten gefolgt sind.

Die Kirchen müssen sich konkretisieren, nicht nur auf Katholikentagen, Bischofssynoden und Pabstbesuchen. Kirche ist lokale Gemeinschaft, nicht eine von Selbstzweifeln gequälte Romprovinz, zu der der einzelne Gläubige keinen Zugang hat. Kirche nach heutigem Verständnis muss helfen, eine „bewohnbare Zukunftsgesellschaft" (C. Amery) zu entwickeln und sich auf die Seite derjenigen zu schlagen, die sich dem Kampf gegen die Religionen des totalen Marktes stellen und sich nicht mit ihren Gegnern verbünden.

Kirche heute verlangt nach Mut, nach Besinnung, Buße und Reue, wie ehedem. Die Zeitläufe sprechen indes gegen eine solche Haltung, weil die Kirchenmanager entweder dies nicht wollen oder nicht können oder nicht (ein)sehen. Das Philosophieren über die Ungleichverteilung der materiellen Güter als Ursache für den internationalen Terrorismus, die unkontrollierten Geldströme auf den Finanzströmen rund um den

Globus, das Ausufern von Unwerten in allen Lebensbereichen ist soweit rein kirchenakademisch, wie es nicht in der Kirche selbst umgesetzt wird.

Wie soll der „Gläubige auf der Straße" den Werbespot eines Kardinals verstehen, wenn dieser sich als Werbeträger für eine exklusivteure nationale Airline vermarkten lässt, und sich damit gegen die Marktkräfte von Billigangeboten ausspricht, die zugleich die Adressaten des eigenen Klientels sind?

Das dritte „G" im Gesamtkomplex unserer Betrachtung ist das Kirchen-Gebäude. Um das Geheimnis des Glaubens zu feiern, versammelt sich schließlich die Gemeinde in ihrer Kirche. Unsere Kathedralen, Dome, Münster, Basiliken, Pfarrkirchen und Kapellen sind z. T. einzigartige Juwelen. Im Baustil der jeweiligen Epochen ragen sie monumental gen Himmel als zu Stein gewordene Verehrung des Allerhöchsten und die in Stein gehauene Hymnen an seine Lobpreisung. Diese Monumente der Frömmigkeit sind Jahrhundertwerke in ihrer Errichtung und in ihrer Unterhaltung. Alle Gotteshäuser, bis hin zur letzten Dorfkirche, in Schuss zu halten, ist eine finanzielle Herausforderung an die jeweiligen Generationen der Gläubigen und verlangt, via Kirchensteuer, Einkommensteuer, Opferstöcke, Spenden und Nachlässe eine nicht nachlassende und versiegende Zahlungsbereitschaft. Die großen Geldströme sind institutionalisiert, die kleinen dagegen lokal situiert. Gemeinsam ist ihnen, dass sie dem Gutdünken ihrer Investoren unterliegen und dabei einem gerüttelten Maß an Fehlallokationen unterliegen. Es fällt einem Spender schwer, neue Orgelwerke bis in Millionenhöhe mitzufinanzieren, wenn das alte noch funktionsfähig ist, nur weil in der Nachbarpfarre ein ähnliches Vorhaben erfolgreich praktiziert wurde. Die Renovierungswut ist manchmal schlimmer als nach dem Mietrecht erlaubt und die Verweigerungsangst war schon immer ein gutes Druckmittel, Pfarrgemeinde und Ratgeber gefügig zu machen.

Kalte Herbergen, Wellblechhütten oder Holzverschläge, die andernorts als Eucharistiestätte dienen, erfüllen häufig genug ihren Zweck als armselige Behausung für Zusammenkünfte zur Glaubensausübung. Sie klagen nicht über ihr Schicksal. Sie fragen auch nicht über unser Verhalten. Sie sind nur dankbar über jede bescheidene Zuwendung, die nicht von der Amtskirche absorbiert wird. Aber vielleicht stellen wir uns bei der nächsten Pfeife, die in unserer Orgel ausgetauscht wird, die Frage, ob der neue Ton nicht für andere zum Konzert erstarken könnte, wenn ihnen ein wenig mehr geholfen würde. Das Gebot wäre, die Zweckmäßigkeit vieler unnötiger Ausgaben zu hinterfragen, nicht alles zu besitzen, was man (als Kirche) gerne hätte. Kirchturmdenken außerhalb des lokalen Kolorits wären sicherlich Entlastungen im Sündenkatalog des sonst anspruchsvollen Kirchenverhaltens.

Für keinen Sünder ist es zu spät, auch nicht für die Kirchen. Dies setzt aber tätige Reue voraus, um sich der Gnade des Herrn würdig zu erweisen.

FÖRDERN BIS ZUM KOLLAPS?

Ein Funktionär der Deutschen Fußballliga brachte es auf den Punkt: Fußball ist Politik. Dies allein, so scheint es, rechtfertigt die Bemühungen der gegenwärtigen Bundesregierung darüber nachzudenken, ob im Falle des Ausfalls der Milliardenzahlungen an die Fußball-AGs und Kickervereine des Profi-Fußballs durch den monopoloiden Bezahlsender der Staat mit den erwünschten Zahlungen in die Bresche springt. Unterstützung erhält Berlin durch unverbesserliche Landesväter, die durch die Setzung falscher Prioritäten immer noch nicht geläutert sind und den Staat und seine Steuergelder weiterhin zur Ader lassen. Schließlich ist der Fluss des Geldes zur Aufrechterhaltung der Spielbetriebe, zur Sicherstellung der Gehaltszahlungen an die Edelkicker und zur Sensationsbefriedigung der Glotzenfans unabdingbare Voraussetzung, ohne die die Fernsehnation das Wochenende nicht übersteht.

Allein das Nachdenken über Ausfallbürgschaften, also die Sicherstellung der Liquidität im Falle des festgestellten Ausfalls von Premiere, und regierungsseitige Bemühungen durch hierzu speziell abgestellte Beamte haben zu recht eine Welle der Empörung ausgelöst, weil die Herren über die Steuermittel jedes Maß an Erlaubtem überschritten haben. Wie sollen Menschen begreifen, dass angesichts von Reformstau, hoher Haushaltsdefizite und ungelöster Beschäftigungsprobleme, Aktivitäten entwickelt werden, die in anderen Fällen spektakulärer Insolvenzen den Verantwortlichen nicht einmal ein müdes Lächeln entlockt hätten? Sind Fußballspiele inzwischen „politische Spiele", deren „Spielplan" von den Politikern aufgestellt und deren Abläufe durch die öffentlichen Budgets garantiert werden? Wie wenig Gespür darf man entwickeln, um angesichts von blauen Briefen und Megapleiten die Unsinnigkeit politischen Denkens ungestraft zu überstehen?

Sind unsere Politiker doch nur Amateure, die den Ansprüchen der Profis auf den Leim gehen?

Was war der Auslöser dieses Eigentores im Spiel der Politik gegen den Markt?

Das jahrelange Hochpuschen der Gelder für Fernsehrechte – auch unter der Ägide vieler Landespolitiker – hat zu unerträglichen und unfassbaren Größenordnungen geführt, die den betreffenden Fußballvereinen zu gute gekommen sind. Hiervon konnten Kickergehälter in astronomischer Höhe bezahlt, Fußballpaläste in traumhaften Dimensionen gebaut und sonstige persönliche Regentschaften wahrgenommen werden.

Die Vision vom Monopol im Bezahltfernsehen machte es möglich. Grenzen für ein Ende der Anspruchseuphorie wurden nicht erkannt, sondern durch willfährige Applaudanten eher noch begünstigt. An dem Milliardengrab haben viele mitgeschaufelt, nicht nur diejenigen, die im Reich der Zwerge sich als Gulliver wähnten. Verbände, und Vereine, Geldgeber und Geldnehmer, die alle auf der Empfängerliste des insolventen Medienkonzerns standen, haben die Finanzkrise mitverschuldet. Aus dem Medienmogul von gestern wurde über Nacht eine schlichte Pleitefirma mit dem üblichen Insolvenzantrag und den vielen Existenzsorgen betroffener Mitarbeiter.

Seriöse Banken, inzwischen erprobt durch viele spektakuläre Firmenpleiten und unkontrollierte Kreditvergaben, mussten sich erneut den Vorwurf dilettantischer Berufsausübung und verfehlter Markteinschätzung gefallen lassen und sich der Schadenfreude ihrer Mitbewerber aussetzen. Wo der Markt für Ordnung sorgt, folgt auch gleich die politische Attacke. Der Holzmann-Kanzler höhnt sogleich gegenüber seinem Widersacher menschliche Unanständigkeit, fachliche Inkompetenz und regionale Verantwortungslosigkeit und schon ist man im politischen „countervailing power" für eigenes Versagen wieder quitt.

Lange Zeit wirkten im Poker um Rechte und Sendezeiten die übrigen öffentlich-rechtlichen und privaten Medienkonzerne hilflos und ohnmächtig und niemand schien dem neuen Phönix aus der (Medien-)Asche Konkurrenz zu bieten. Nur der Medienzar selbst oder der Markt hätten bremsen können, da eine Selbstbeschränkung der Profiteure nicht zu erwarten war. Das Maß der Bezahlbarkeit war längst für die Öffentlich-Rechtlichen überschritten und die Grenzen der Zumutbarkeit für alle Seiten aus den Fugen geraten.

Anders bei der Münchener Medien-Gruppe. Sie stellte Expansion vor Konsolidierung, was zur Explosion führte. Genauso wie es der Fußball von ihr verlangte. Moral ist nur das, was in den Verträgen steht, was abrufbar ist und eingefordert werden kann. Alles andere ist Schwärmerei und mystischer Irrglaube. Nach diesem Motto wurden Rechte verkauft, Verträge unterzeichnet und Unsummen in den Sand gesetzt.

Der Selbstbedienungsladen des Pay-TV war für die Vereine prall gefüllt mit sicherer Ware, aus dem man sich nur zu bedienen brauchte. Das Gehabe und das Anspruchsdenken vieler Manager, Trainer, Vereinsfürsten und Starkicker erweckte jedenfalls im Fußballgeschäft den entsprechenden Eindruck, wenngleich moralische Kompetenz und nationales Bewusstsein im gleichen Maße dabei auf der Strecke blieben. Diese Blase musste platzen, wenn auch erst durch das letzte Regulativ, den Markt.

Der Mythos Kirch wurde entzaubert. Das Kläffen der Kicker wurde nur vom Lamentieren der betroffenen Vereine überboten, und die Banken übten sich im Verhandlungsmarathon vergebener Torchancen. „Auffanggesellschaft" war das Zauberwort, über deren Bildung eigenes Versagen kaschiert wurde. Neue, geklonte Unternehmen sollen die alten Risiken auf mehrere Schultern verteilen, um frische Gelder für marode Verpflichtungen locker zu machen oder gutes Geld dem schlechten hinterher zu werfen. In der Tat, viele wähnten eine neue Fußballherrlichkeit, wenn nur die Lufthoheit in den Bundesligastadien von potenten ausländischen Medienmogulen übernommen würde. Zur Minimierung der eigenen Kreditausfälle sind dem Einfallsreichtum keine Grenzen gesetzt, vor allem, wenn die Schadensbegrenzung für drohende Insolvenzen sich in erträglichen Grenzen hält.

Fußball, als Teil der Politik verstanden, genießt naturgemäß besondere Aufmerksamkeit. Hier geht es aber nicht um Arbeitsplätze, sondern lediglich um die Höhe der Abschöpfung und um die Form der Vermarktung. Daher sind die politischen Bemühungen zur Sicherstellung des Fußballsports auch nur unter diesem Aspekt zu sehen und die Überlegungen zur Kreditleihe, via Bürgschaften, zu verstehen. Märkte und Marktkräfte spielen hier keine Rolle und können daher nicht mit den üblichen Pleiten verglichen werden.

Denn anders als bei Herlitz oder Holzmann, bei Schneider oder Flow-Tex, bei Balsam oder Berliner Bank, bei Vulkan oder Dornier, wo der Markt über Existenz oder Untergang entschieden hat, unterliegt der (Staats)fußball offenbar auch der Staatsgarantie; es sei denn, die Staatsgewaltigen besinnen sich doch noch auf die Grenzen ihrer Allmacht und verhelfen den Marktkräften zu ihrem angestammten Recht.

Solange aber auch hier die personelle Verquickung von Politik und (Fußball)Sport in den Aufsichtsräten der Aktiengesellschaften, im Vorstand der Vereine oder als Mittler zwischen Sponsor und Club stattfindet, solange wird der Wirtschaftszweig Fußball die politische Gunst der „sozialen" Fürsorge genießen.

Bleibt die Frage, ob das Versagen der Banken im Kreis der etablierten Gläubiger auch über eine staatliche Ausfallbürgschaft abgedeckt wird oder ob diese mit eventuellem echten Ausfall ihrer Gläubigerforderungen rechnen müssen? Wenn nicht, dann sollten Sie dem Kreditrating an Fußballvereine ungeprüft die gleiche Bonitätsstufe zuweisen, wie sie die öffentlichen Hände genießen. Denn schließlich sonnt sich diese Sportart in der Wärme politischer Schirmherrschaft und die Berufsanalysten der involvierten Banken können getrost ihre bisherigen Fehleinschätzungen aufrecht erhalten, ohne hierfür persönlich oder für ihre Bank Nachteile in Kauf nehmen zu müssen.

Ist diese (Fußball)Welt noch zu verstehen, die jenseits aller Marktkräfte im Schonzelt ihrer Sportart ein Eigenleben führt? Welche Antworten finden wir auf die marktentwurzelnden Exzesse, mit denen notwendige volkswirtschaftliche und betriebswirtschaftliche Prozesse restrukturiert werden?

Wir haben uns inzwischen an Überschuldungen gewöhnt. Ob die Kirch-Gruppe mit 6,5 Mrd. Euro in der Kreide steht oder die Berliner Bank Immobilienrisiken von 21,6 Mrd. Euro aufgebaut hat oder 2,2 Mrd. Euro zur Sanierung von Holzmann erforderlich wären, was die „Großen" praktizieren, leben Millionen Haushalte nach. Niemand definiert sich mehr über Sparsamkeit und Bescheidenheit, sondern alle über den Konsum, der investiv versickert. Damit erschöpft sich die Lebenskraft einer Nation in falschen Werten, vor allem dann, wenn die Verantwortlichen hierzu auch die falschen Signale setzen.

Wer den Fußballsport nicht als Volkssport identifiziert, sondern ihn zum politischen Wirkungsbereich hochstilisiert, verliert das Augenmaß dafür, dass Förderungen auch Grenzen haben, vor allem dann, wenn sie zum Kollaps führen. Der Markt als letzte Instanz muss dann schmerzhaft korrigieren, was politische Reglementierung verursacht hat, nämlich Korrektiv zu sein für politische Kurzsichtigkeit.

DIE MORAL DER DEMOKRATEN

Fast alle im Deutschen Bundestag vertretenen Parteien führen in ihrem Parteinamen das Attribut demokratisch und meinen damit, legitimiert zu sein für politische Machtausübung, wenn ihnen das Volk hierzu das Mandat durch bestimmte Wahlkonstrukte erteilt. Gewählte und Parteienvertreter helfen zuweilen dabei dem Demokratieverständnis der Wähler auf die Sprünge, indem sie einzelnen zahlungskräftigen Mitbürgern dazu die Chance geben. Der Demokratie wird so umgekehrt auch zum Segen für jene verholfen, die sie für ihre persönlichen Zwecke einspannen.

An Rhein und Ruhr, an Mosel und Spree, an Isar, Main und Wupper scheint Einhelligkeit im Umgang mit Schmiergeldern an politische Parteien und „Persönlichkeiten" zu bestehen, und niemand nimmt Anstoß daran, weil der Geldfluss inzwischen zur geübten Praxis für Machtgewinn und Machterhalt zählt und damit zu den Spielregeln demokratischer Gepflogenheiten. Unredlichkeit, Betrug und moralische Vergehen werden zu Dauerbegleitern der eigenen Lebenspfade und zweifelhafter Politkarrieren. Moralische Werte unserer Parteienvertreter sind so unumstößlich, wie das sichere Erreichen eines gegenüberliegenden Flussufers mit trockenen Füßen. Offenbar finden sich immer wieder „Freunde", die eine angenehme Schiffspassage von einem Ufer zum anderen ohne Wasserberührung ermöglichen. Politiker aller Couleur lassen sich schmieren, um die in ihrer Macht stehenden Vergünstigungen zu gewähren, ob es sich dabei um ganze Parteibezirke, Verbände oder nur um einzelne Abtrünnige handelt.

Auch das neue Parteiengesetz verrät die Absicht: es sind immer nur die anderen, denen man an den Kragen gehen muss. Die Spendengeber müssen identifizierbar werden, die Spendenempfänger hingegen bleiben weitgehend verschont. Barspenden in Taschengeldhöhe bis zu 1.000 Euro können die

Parteien ohne Quittung direkt vereinnahmen, ab dem Zehnfachen sind Name und Adresse des Spenders zu dokumentieren. Illegale Handlungen sollen in Zukunft mit Haftstrafe geahndet werden. Ein Gesetz, das korrupte Machenschaften der Spender – im Gegensatz zu früher – sicherlich stärker kontrolliert, die Bereitwilligkeit korrupter Spendenempfänger indes weitgehend unbeachtet lässt. Die genetische Disposition zu kriminellen Handlungen vieler Volks- und Parteienvertreter findet indes keine zwingenden Schranken. Vielleicht deshalb nicht, weil immer noch der Glaube vorherrscht, dass die jeweilige andere Seite des Spendentransfers mit ihren monetären Segnungen ausschließlich geschäftliche Interessen verfolgt, während die Empfängerseite sich kaum des politischen Druckes verwehren kann.

Die Skandale der Vergangenheit lassen jedenfalls Gegenteiliges vermuten und es wäre zur moralischen Wiederherstellung der Reputation unserer gewählten Demokraten wichtig, dass in allen finanziellen Belangen, unabhängige Rechnungshöfe die Geldströme von der Quelle bis zur ultimativen Ver(sch)wendung nachprüfen, damit diese nicht in Einfamilienhäusern, Ferienwohnungen, Jobs und schwarze Kassen oder andere Begehrlichkeiten versickern.

Wie weit sind unsere Abgeordneten von moralischen Bedenken entfernt, den Staat, dem sie gelobten zu dienen, gleichzeitig zu hintergehen? Hat der erste Bürger dieser Republik diese moralischen Entgleisungen bereits geahnt, als er den Parteien ins Stammbuch schrieb, dass „das Vertrauen in die demokratischen Institutionen schlimmen Schaden nimmt" oder wurden solcherlei Prophezeiungen ebenso wenig ernst genommen, wie politische Absichtserklärungen in parteinahen Statements vor und nach den Wahlen?

Es mag wenig trösten, wenn Korruptionsskandale wie in Köln, Bonn oder andernorts kommen und gehen und Teil einer politischen Kultur geworden sind, an die wir uns längst gewöhnt haben. Die Zustandsbeschreibung im Umgang mit gesellschaftlichen Werten und demokratischen Prinzipien ist jedenfalls katastrophal, weil die Politik verlernt hat, sich selber Maßregeln aufzuerlegen, sich an diese zu binden und gesetzliche Schranken aufzuzeigen.

Wir unterliegen einem Systemfehler, weil diejenigen, die sündigen, zugleich auch die sind, die sich die Absolution erteilen. Dies führt zur öffentlichen Verharmlosung ihrer Vergehen und zur Relativierung ihrer Abstrafung.

Ob Müllöfen, Großraumhallen oder Rüstungsprojekte, ob persönliche oder parteibegünstigende Bereicherungen, ob offene oder verdeckte Steuervergehen oder beharrliches Verschweigen über anonyme Geldgeber, immer bleibt das Rechtsempfinden und das Demokratieverständnis der Bürger auf der Strecke und sorgt dafür, dass die Verdrossenheit und Frustrationsschwelle immer ein bisschen höher wird. Das Vertrauen der Bürger in die Politik ist weitgehend verloren. Sie verweigern immer mehr den Urnengang, weil alle beteiligten Parteien gleichermaßen zum Vertrauensschwund beigetragen haben.

Geld ist auch für Parteien ein knappes Gut und wer die Hähne öffnen kann – insbesondere vor Wahlen – genießt im Umfeld gleichgesinnter Mitstreiter ein hohes Maß an Respekt und Aufmerksamkeit, die es zu erhalten gilt. Dem wird auch das neue Parteiengesetz nichts entgegenhalten können. Denn solange fehlende politische Moral durch erzielte Wahlerfolge „posthum" sanktioniert wird, solange wird man auf Einsicht der Volksvertreter über kriminelles oder nur unmoralisches Verhalten vergeblich warten.

Das neue Parteiengesetz liefert keine Mindeststandards für Ethik in der Politik und es hilft auch nicht, die Parteienvertreter moralisch sensibler zu machen. Es ist allenfalls ein Signal dafür, dass der öffentliche Druck die bisherige Talfahrt des politischen Anstandes und des moralischen Verfalls nicht weiter billigt und deshalb Maßnahmen ergriffen werden müssen, die die politischen Verhältnisse nicht auf das Niveau einer Bananenrepublik abgleiten lassen.

Schwarze Listen für bestechende Unternehmen, sind ebenso unsinnig wie schwarze Listen für bestechliche Beamten, Abgeordnete und Parteifunktionäre. Solange kriminelle Spender immer wieder kriminelle Empfänger finden, solange bleiben die schwarzen Listen weiß und Anti-Korruptionsregister bloße Makulatur. Die Moral der Demokraten wird nicht über Register und Listen zurückgewonnen. Sie sind allenfalls eine Absichtsvorgabe für eine bessere Zukunftsgestaltung. Sie wird auf Dauer nur dann wiederhergestellt, wenn die Besinnung jedes in der Politik und in der Wirtschaft Verantwortlichen auf die Werte der Selbstverpflichtung und der Eigenverantwortung wieder stattfindet und diese im Alltag gelebt werden. Jede Form der Spende ist Einflussnahme, ob unter oder über 1.000 Euro. Der Moral würde es sicher dienen, wenn – insbesondere ohne steuerliche Begünstigung – das Maß der Geldflüsse an die Parteien gänzlich zurückgenommen würde. Dann würde auch manche Hauswand und mancher Baum zur Wahlzeit nicht mit dem Konterfei zweifelhafter Zeitgenossen verunstaltet.

SOMMERZEIT – ODER DIE TELEGENE KONFUSION IM MOBILFUNKBEREICH

Im Wechsel der Jahreszeiten lösen, wie gewohnt, Frühling, Sommer, Herbst und Winter, je mit unterschiedlicher Intensität und Dauer einander ab. Niemand kann dabei vorhersagen, ob auf einen herrlichen Frühling, auch ein heißer Sommer, darauf ein milder Herbst oder ein strenger Winter folgen. Ähnlich, wie mit den natürlichen Zeitläufen, ist es auch mit den wirtschaftlichen und unternehmerischen Jahresveränderungen. Auf gute Zeiten können weniger gute oder gar schlechte folgen und umgekehrt; ebenso mit unterschiedlichen zeitlichen Intervallen und konjunkturellen Belastungen.

Meistens passen sich die Unternehmen auf Veränderungen der marktwirtschaftlichen Situationen und Einflussfaktoren durch angemessene und adäquate Strategien an, die die verschlechterte Istsituation wieder an die erwünschte Sollsituation heranführt.

Fehleinschätzungen des Managements müssen von diesem verantwortet werden und können auch nur von diesem korrigiert werden. Ein gutes Management bekennt sich zu seinen Fehlern, verharmlost sie nicht und steht für sie gerade. Es geht in schlechteren Zeiten mit gutem Beispiel voran und übersieht nicht die Vorbildfunktion, die es gegenüber den eigenen Mitarbeitern, der Branche und der Gesellschaft hat. Das Vorleben der Erfolgsperformance eines Unternehmens entbehrt nicht einer gewissen Zyklik: Was man nicht verdient, kann man auch nicht ausgeben; oder vor dem ethischen Hintergrund: Was man anderen vorenthält, steht auch einem selbst nicht zu.

Die gelebte Führungspraxis des Topmanagements sieht indes anders aus. Großkonzerne aller Provenienz gestatten sich mit wohlwollender und abgestimmter Zustimmung ihrer Kontrollorgane – meist den Aufsichtsräten – fürstliche Anhebungen ihrer Vorstandsbezüge, auch wenn ihre Erfolgshymnen eher dem Abgesang längst in Stimmbruch geratener Chorknaben ähneln.

Es scheint so, dass kurz vor der Dechiffrierung jahrelangen Missmanagements noch einmal kräftig zugelangt wird, um für sich Apanagen und Abfindungen in mehrstelliger Millionenhöhe zu sichern. Trotz sommerlicher Dürre, bei der viele Menschen verdursten, scheuen andere sich nicht, ihren Swimmingpool vollaufen zu lassen. Die ethische Herausforderung wird negiert, die eigene Verantwortung absichtlich verkannt und der Reputationsschaden für sich und das Unternehmen bewusst ignoriert.

So wird am Beispiel der Deutschen Telekom angesichts eines Kursverfalls der T-Aktien von 102 Euro auf 12 Euro innerhalb von gut zwei Jahren deutlich, welche gigantischen Vermögensverluste billigend in Kauf genommen wurden, die bei einem Kursverfall von rd. 90 Euro p.a. und bei der gesamten emittierten Stückzahl von rd. vier Mrd. Aktien die Vorstellungskraft eines Normalaktionärs übersteigt. Die rapide gefallene Marktkapitalisierung der T-Aktie hat nicht nur die 57% der im Streubesitz befindlichen Aktien getroffen, sondern auch alle Steuerzahler, weil knapp ein Drittel der Aktien auch dem Staat gehören, dem wir schließlich mit unserer eigenen Steuerkraft verpflichtet sind und somit auch „umwegsrentabel" von dieser Managementfehlleistung „profitieren".

Alle diejenigen Miteigentümer der Telekom, die darauf vertrauten, ihr Angespartes den TeleKomikern zu überlassen und zum Zeitpunkt ihrer eigenen Lebensplanung von der erwarteten Dividende oder der Kursperformance ergänzendes

Glück für Pension und Altersvorsorge erhofften, sahen sich getäuscht und vor den Trümmern medialer Verführungen allein gelassen. Nicht jeder der Anleger hat die Zeit zur Verfügung, in den Genuss gleichwohl verheißender Versprechungen und Besserungen zu gelangen. Die Kürzungen der zu erwartenden Dividenden von nahezu 50% entsprechen der gegenwärtigen Markteinschätzung und der mangelnden börslichen Akzeptanz und sie spiegeln die tatsächliche Marktkapitalisierung der Aktienanlage nur andeutungsweise wider, als es das Vorstandsbegehren bei der Anmeldung eigener Einkommensansprüche erwarten lässt. Die Begründung, die Vergütung des Topmanagements bis in zweistellige Millionenhöhe aufzubessern, sei „angemessen, leistungs- und erfolgsorientiert" entbehrt jeden Augenmaßes und klingt wie blanker Hohn, angesichts der Milliardenverluste und Schuldentürme sich noch zusätzlich zu bereichern.

Die TeleKomik mutiert zur TeleTragik, wenn sich die Täter von Fehlplanung, Fehlinvestitionen und Fehlergebnisse selbst als Opfer ihrer eigenen Fehlentscheidungen ausweisen und sich gleichzeitig in der Tragik ihres Rollenbewusstseins als Erfolgshelden aufschwingen.

Es gehört zudem schon eine gehörige Portion Gewissenlosigkeit dazu, wenn im Anblick vieler Streikenden in allen Bereichen unserer Wirtschaft, wo vergleichsweise um die Erhöhung von Parkgebühren gefeilscht wird, sich andere in den Kategorien von Preisdimensionen für Nobelkarossen bewegen und diese locker zusätzlich vereinnahmen.

Dies, so scheint es, gelingt deshalb so unkompliziert, weil die großindustrielle Wetterlage derzeit durch das politische Klima besonders begünstigt wird, während die klein- und mittelständischen Unternehmen sich mit den klimatischen Unbilden regionaler Kalt- und Warmfronten herumschlagen müssen.

Vielleicht bedarf es indes nur medienwirksamer Botschaften über operative Glanzleistungen, um über die tatsächlichen Verhältnisse hinwegzutäuschen. Ist die Telekom, damit nicht zu einem telegenen Konfusionsunternehmen geschrumpft, das weniger im Mobilfunkbereich als in anderen telegenen Großereignissen dieser Welt für Stimmung sorgt? Müssen täglich neue Nachrichten die alten übertreffen, aus denen mehr Verwirrung als Solidität entspringt?

Ist das Vertrauenskapital von einer Vielzahl von Aktionären nicht Anlass genug, um alles zu unternehmen, was die Bestandsfähigkeit und den Erfolg des „eigenen" Unternehmens sichert, damit nicht weiterer Werteverlust und Misstrauen sich breit machen?

Mit einem Schuldenturm von weit über 60 Mrd. Euro gehört die Telekom zu den Spitzenreitern der Schuldenjongleure. Die weltweite Positionierung des Mobilfunks rechtfertigt zu keiner Zeit und in keiner Weise das gigantische Ausmaß einer solchen Waghalsigkeit, sowohl für den Kreditnehmer als auch für die Kreditgeber. Diese Schuldenpolitik gefährdet auch das Eigenkapital und damit alle Aktieninhaber, es sei denn, die Telekom besäße trotz Privatisierung Staatshaftungsgarantie. Dann aber sollte die Bundesrepublik als Großaktionär bei der Besoldungsfrage und ihren exzessiven Ausschweifungen auf ethische Bedenken zumindest mahnend hinweisen.

Dumme Einlassungen über die Relativierung des Fremdkapitalanteils bei Erhöhung des emittierten Aktienvolumens können nur die Bilanzstatistiker zufrieden stellen, nicht aber jene, die ihre Verantwortung ernst nehmen und, vor dem Hintergrund des Preisdrucks im internationalen Wettbewerb, in dem Schuldenbabylon eine kaum tilgbare Hypothek vermuten.

Wieder einmal blieb die Chance auf mehr wirtschaftsethische Rücksichtnahme im unternehmerischen Alltag auf der

Strecke, die dem Forum einer Hauptversammlung des großen deutschen Mobilfunkanbieters und der gesamten deutschen Wirtschaft gut getan hätte. Sie wurde aufgrund egomaner Vorteilnahmen vertan. Denn wer schon viel hat, soll sich nicht scheuen, noch mehr zu verlangen, ihm wird großzügig hinzugegeben. Maßstäbe für ethische Ausrichtung wurden leichtfertig verspielt und in Richtung Maßlosigkeit, Unglaubwürdigkeit und Unverantwortbarkeit verschoben.

Glücksritter machen offenbar auch vor den Giganten nicht halt, so, wie wir es bereits im Neuen Markt gewohnt sind. Es bedarf immer nur der Gunst der eigenen Stunde, um jeden Anstand und jede Moral zu verlieren. Verbale Beruhigungsspritzen wie: die Telekom sei breiter und damit sicherer aufgestellt als fast alle Wettbewerber im Markt, verfangen nur als ethische Krücken, auf denen sich stabile Verhältnisse auf Dauer nicht abstützen lassen.

Die richtige Antwort auf die (selbst)wärmende SommerZeit und die zu erwartenden Herbststürme hätte lauten müssen, angesichts der hohen Steuer-, Zins- und Abschreibungslasten, falscher Beteiligungsstrategien und der damit verbundenen Verlustakkumulationen von über drei Mrd. Euro erscheint die astronomische Verbesserung der Vorstands- und Aufsichtsratsbezüge als abwegig, unangemessen und völlig deplatziert. Der Erfolg, als wesentliche Rechtfertigungskomponente, war ohnehin angesichts dieser desolaten Unternehmensvorstellung nicht nachvollziehbar, so dass der Vorstand sich eher zu bescheiden hätte mit dem, was ist, und nicht auf das kaprizieren, was vielleicht nie eintreten wird. Das Management ist seine zukunftsweisende Antwort auf die künftigen Herausforderungen schuldig geblieben und es hätte sich daher wie jeder andere Verantwortliche einreihen müssen in die ethisch vertretbaren und moralisch nachvollziehbaren Kategorien eines Besoldungsniveaus, das schon durch das „nihil sine labore" ihre ethische Grenze gefunden hätte.

Eine Wirtschaft jedoch, die die falschen Prioritäten setzt, nämlich Einkommensexplosionen statt Augenmaß, Television statt Wirklichkeitssinn, Konfusionen statt machbare Zielorientierung, schlägt sich auf die falsche Seite und sie wird auch nicht durch die Globalisierungsträume ihrer Gaukler im Nachhinein gerechtfertigt.

Eine Gesellschaft, die keine moralische und ethische Wertorientierung vorlebt, findet auch in der bloßen Verkündung eines neuen Weltethos keine neue Mitmenschlichkeit und Rücksichtnahme.

Ein Unternehmen, das von seinen Organen in gemeinsamer Kumpanei ausgebeutet wird, verliert den Anspruch, stets in Verantwortung gegenüber seinen Kunden, den Mitarbeitern und der Gesellschaft gehandelt zu haben und ihnen gerecht zu werden. Es wird auf kurze oder lange Sicht scheitern müssen.

Die Ethik in einem Unternehmen sollte der Wahrheit und nicht der Effekthascherei verpflichtet sein. Ohne die Wahrheit gibt es für den Einzelnen kein Gewissen und entsprechenden menschengerechten Umgang und ohne beides geht auch die Wahrheit verloren. Dann unterbleiben auch irreführende Angaben, selbst wenn sie sich nur auf das Wetter der kommenden Jahreszeit beziehen.

SIND WERTE EIN ERFOLGSFAKTOR?

Unternehmensethik bedeutet Verantwortlichkeit jedes Einzelnen innerhalb eines Unternehmens. Sie ist die Vorausetzung für die Bereitschaft zur Verantwortung gegenüber den Menschen im Allgemeinen und in Sonderheit all jener, die unmittelbar und mittelbar mit dem jeweiligen Untenehmen in geschäftlichen und persönlichen Kontakt treten.

Ethisches Unternehmerverhalten wendet sich von dem paternalen Führungsstil ab und unterwirft das eigene Unternehmerverhalten einer ethischen Glaubwürdigkeitsprüfung.

Die Unternehmensethik soll helfen, den Unternehmen für potenzielle Konfliktfelder konkrete Handlungsempfehlungen zur Ausgestaltung einzelner Strategien anzubieten.

Ethisches Handeln bedeutet in vielen Fällen Abkehr von lieb gewordenen aber falschen Gewohnheiten und wird daher eher als störend, irritierend und hinderlich empfunden. Aber auch hier gilt: nur wer gerecht, vertrauensvoll und verantwortungsbewusst handelt, kann auf längere Sicht mit unternehmerischem Erfolg rechnen. Moralisches Handeln wird somit wesentlicher Bestandteil einer unternehmerischen Erfolgsstrategie.

Ethisches Handeln beginnt mit der Sensibilität, das Richtige zu wollen und den Wert mehr in den Ergebnissen der eigenen Handlungen zu sehen als in den erzielten Ergebnissen. Hierzu müssen alle Geschäftsfelder, d. h. alle Verantwortungsbereiche eines Unternehmens einbezogen werden, in denen die sachgemäßen Notwendigkeiten unternehmensgerecht, der Ausgleich zu den eigenen Mitarbeitern menschengerecht, die Ansprüche der Kundschaft anstandsgerecht und die der Gesellschaft und Umwelt reputationsgerecht wahrgenommen werden.

Sachgerechtigkeit und Menschengerechtigkeit gehören in einem Unternehmen untrennbar zusammen. Was dabei sachgemäß ist, kommt durch den unternehmerischen Konsens und die eigene Wertefindung zustande, was menschengerecht ist, wird durch die definierten Werte, die gelebten Normen und die tatsächlichen Verhaltensweisen inhaltlich konkretisiert, was anstandsgerecht ist, wird durch Abschluss und Einhaltung der Verträge gesichert und was reputationsgerecht ist durch den Umgang mit gesellschaftlichen Rücksichtnahmen ermöglicht.

Gegenwärtig sind wir innerhalb der Wirtschaft weniger mit Fragen der verantwortbaren Sachbezogenheit von Unternehmenszielen befasst als mit Fragen, wie Insolvenzen, Pleiten und Unternehmenszusammenbrüchen durch falsche Marktwertorientierungen, Korruptionen, Betrügereien, bewusste Falschinformationen, Verdunkelungen u. ä. hätten vermieden werden können.

Wir sind mehr damit beschäftigt, unethisches Verhalten in Form von Verantwortungslosigkeit und Vertrauensbruch zu kaschieren als uns auf die wirtschaftlichen Grundwerte zu besinnen, die die Tragfähigkeit der Unternehmen und der ganzen Wirtschaft auch in Zukunft gewährleisten sollen. Dies lässt den Markt zu einem unethischen Wirkungsfeld verkommen, indem Anstand, Fairness, Verantwortlichkeit und Ehrlichkeit keine Chance mehr zu haben scheinen gegen Cleverness, Tricksereien und Skandale aller Art.

Das Menschenbild, so scheint es, wird geprägt von rücksichtslosem Machertum, das sich meist am langen und manchmal auch kurzem Ende als gefährliche Marktverirrung entpuppt und letztlich nur Verlierer produziert.

Die Unternehmensethik problematisiert keineswegs das Gewinnprinzip, weil sie auch andere ergebnishafte „Erträge" mit in ihre Überlegungen einbezieht. Sie warnt aber davor, in der Einseitigkeit falscher Prioritäten, das Gesamtergebnis eines Unternehmens aus dem Auge zu verlieren, zu denen auch die Indikatoren einer nachhaltigen Bestandskraft und einer nachhaltigen Zufriedenheit aller beteiligten Anspruchsgruppen gehören.

Diese blenden wir zumeist aufgrund einseitiger und falscher Reduktionen unserer wirtschaftlichen Aufgaben aus, weil wir eben ausschließlich mit uns selbst beschäftigt sind und die Sintflut nach uns sowieso alles wegspült.

Wer indes für sein moralisches Handeln eine ethische Begründung sucht, muss sich als Unternehmer wie als Mitarbeiter stets über sein Handeln bewusst sein und dieses als selbstverpflichtend und eigenverantwortlich begreifen. Ethische Kompetenz ist keine Konkurrenz zu vorhandenen Entscheidungs- und Unternehmenshierarchien, auch nicht zu etwaigen Bildungs- und Sozialprivilegien. Kein Unternehmen kann ohne ethische Werte leben. Es ist nur die Frage, ob sie identifiziert werden und wie mit ihnen umgegangen wird.

Alle ethischen Vorgaben wie Werte, Normen und Tugenden bestimmen die Inhalte der Unternehmensethik. Sie fließen letztlich in die Frage ein: Ist das, was wir täglich tun, auch das was wir tatsächlich sollen, also das, was man von uns erwartet? Dies gilt sowohl in gewissensorientierter Hinsicht als auch in unserer kollektiven Verantwortung.

Unternehmensethik und Unternehmenserfolg schließen sich daher nicht aus. Sie bilden sogar eine Schicksalsgemeinschaft. Sie sind keine Gegensätze, sondern nur verschiedene Seiten der gleichen Medaille. Beide Seiten spiegeln den Wert eines Unternehmens wider und beanspruchen daher untrennbare

Gültigkeit. Sie sind nicht wie Feuer und Wasser oder wie Panik und Profit.

Unternehmensethik ist erlernbar, wenn man sich ihr öffnet und nicht verweigert. Sie entspricht einem Grundbedürfnis verantwortlichen Handelns gerade im Wirtschaftsleben mit Menschen und für Menschen. Vor allem dann, wenn ein Unternehmen es ernst meint, Mitarbeiter zu Mitunternehmern zu machen und sich nicht davor fürchtet, dass sie eines Tages mitdenken und mitentscheiden.

So gesehen ist die Unternehmensethik der wichtigste Erfolgsfaktor, den ein Unternehmen auf Dauer wirksam berücksichtigen muss. Denn verantwortbares ethisches Handeln löst Konflikte und schafft eine Vertrauenskultur, die in dem Netzwerk unserer Wirtschaft wieder einen elementaren Platz einnehmen sollte.

ZUM AUTOR

Prof. Dr. rer. oec. Joachim Kohlhof, 1945 in Dinslaken am Niederrhein geboren, ist Inhaber des Lehrstuhls für Finanzierung und Investition an der FH Brandenburg und Leiter des Collegs für Wirtschafts-, Unternehmens- und Führungsethik in Mehren/Eifel.

Nach Studium und Promotion arbeitete der Wirtschaftswissenschaftler ab 1972 als Vorstandsassistent und Leiter einer Kreditgruppe im Gerling-Konzern Köln. 1976 bis 1978 Bundesbankreferendariat; nach Abschluss der Höheren Prüfung Ernennung zum Bundesbankrat. Danach leitende Tätigkeiten als stellvertretender Direktor in den Landeszentralbanken Köln und Bonn. 1986 Bestellung zum Vorstandsvorsitzenden der Kreissparkasse Daun; 1994 Berufung und Ernennung zum Professor an der Hochschule für Wirtschaft und Technik in Brandenburg a.d.H.. 1998 Gastprofessor an der Karel de Groote Hogeschool in Antwerpen/Belgien. 2000 Gründung des Collegs für Wirtschafts-, Unternehmens- und Führungsethik in Mehren/Eifel. Seit Mai 2002 Seminar für Ethikmanagement in Banken und Unternehmen in Maria Laach.

Kohlhof ist bekannt durch seine Bücher *Führungsverhalten und Unternehmensethik*, 1995, *Perspektiven zur Privatisierung öffentlich-rechtlicher Sparkassen*, 1997, *Finanzmodelle von Großinvestitionen in den neuen Bundesländern*, 1997, *Qualitätskonzept für ein Bankenrating im Internet*, 1998, *Avale, Bonds und Garantien*, 1999, *Mensch – Ethik – Wirtschaft*, 1999, *Unternehmensethik – Erfolgsfaktor oder Hemmschuh?*, 2000, *Value at Risk Management in Banken*, 2000, *Politik – Ethik – Wirtschaft*, 2001, und *Wertemanagement*, 2001, sowie durch eine Reihe von Rundfunksendungen im DeutschlandRadio Berlin und Deutschlandfunk Köln zu aktuellen wirtschaftspolitischen Themen und wirtschaftsethischen Fragestellungen.

The manufacturer's authorised representative in the EU is Springer Nature Customer Service Centre GmbH, Europaplatz 3, 69115 Heidelberg, Germany. If you have any concerns regarding our products, please contact ProductSafety@springernature.com

Printed and bound by CPI Group (UK) Ltd, Croydon, CR0 4YY
23/03/2026
02076449-0007